大学生初涉职场一本通

（第2版）

杨添天◎主编

张　云　陈建军◎副主编

人民邮电出版社

北　京

图书在版编目（CIP）数据

大学生初涉职场一本通 / 杨添天主编. -- 2版. --
北京 ：人民邮电出版社，2023.12
职业素养系列教材
ISBN 978-7-115-62726-1

Ⅰ．①大… Ⅱ．①杨… Ⅲ．①大学生－职业选择－教
材 Ⅳ．①G647.38

中国国家版本馆CIP数据核字(2023)第182127号

内 容 提 要

在大学生初涉职场阶段，学校的主要任务是对准职场人进行导向训练，以职场人的素质要求为目标，培养其对企业化管理与企业文化的适应能力、沟通表达能力、制定目标的能力、执行能力，同时训练其创新能力，培养其责任意识等。通过本阶段的训练，学生可以获得口头表达、财务管理、信息检索等方面的方法和技巧。本书正是通过赢在大学第一站、塑造职场文化力、初涉大学准企业、解锁职场新力量、打造职场胜任力、管理职场执行力、开启创新之门这 7 章具体介绍如何训练与培养上述各项能力与技能。

本书可供初入大学的新生、进行准职场人角色转换的在校学生，以及想提升职业综合能力的人士阅读。

♦ 主　　编　杨添天
　　副 主 编　张　云　陈建军
　　责任编辑　王建军
　　责任印制　马振武
♦ 人民邮电出版社出版发行　　北京市丰台区成寿寺路 11 号
　　邮编　100164　电子邮件　315@ptpress.com.cn
　　网址　https://www.ptpress.com.cn
　　固安县铭成印刷有限公司印刷
♦ 开本：775×1092　1/16
　　印张：10.5　　　　　　　　　2023 年 12 月第 2 版
　　字数：218 千字　　　　　　　2023 年 12 月河北第 1 次印刷

定价：59.80 元
读者服务热线：(010)81055493　印装质量热线：(010)81055316
反盗版热线：(010)81055315
广告经营许可证：京东市监广登字 20170147 号

前言

　　职业素质课程体系以就业为导向，以准职场人的培养为核心，在以学习者为中心的培养模式下，通过任务驱动训练、企业调研、企业融合授课、翻转课堂等教学授课方式取代传统的课堂讲授方式，加强对学生"关键能力"的培养，提升其职业行动能力，并通过提升其沟通技能、组织协调技能、学习技能等，培养学生的敬业精神、团队意识、创新意识和良好品质。

　　职业素质课程通过结合专业课的实习实训，不断地强化学生的基本素养，使学生能更快地适应职场环境、解决典型的职场问题、应对典型的职场情境，并综合应用有关的知识技能，获得核心竞争力，是校企合作中的专业必修课程，是校企合作特色教学的重要支撑课程，是服务型专业建设的关键环节。

　　职业素质课程的总目标是面向当代企业需求，以就业为导向，培养准职场人，覆盖大学生的整个学习过程，真正使大学生完成从象牙塔到职场人的转变，并在其工作岗位上能够稳固上升。本课程通过初涉职场阶段、经营职场阶段、进阶职场阶段来模拟职场，从而培养准职业人的核心能力。

　　本书主要具备以下特色。

　　1. "一课双师"校企联合开发教材。本书由华晟经世教育的工程师、山西经贸职业学院的教师协同开发，融合了企业工程师丰富的行业一线经验、高校教师深厚的理论功底与丰富的教学经验，紧跟行业技术发展，精准对接岗位需求，理论与实践深度融合，符合教育发展规律。

　　2. 以学习者为中心设计教材。本书内容的组织编排强调以学习行为为主线，构建"学"与"导学"的内容逻辑。"学"是主体内容，包括项目描述、任务解决及项目总结；"导学"是引导学生自主学习、独立实践部分，包括项目引入、交互窗口、思考练习、拓展训练。本书强调实操训练，即以解决任务为驱动，强调做中学、学中做；强调任务驱动式学习，即遵循学习规律，强调由简到难，循环往复，融会贯通。本书还融入了最新的技术应用，并结合真实应用场景，为客户解决具体需求。

　　3. 以项目化的思路组织教材内容。本书项目化特点突出，有大量项目案例，并且项目案例图文并茂、深入浅出。同时，书中以项目为核心载体，强调从知识输入到任务解决再到技能输出这一过程；采用项目引入、知识图谱等形式还原工作场景，充分展示项目进程，嵌入岗位、行业认知，融入工作方法和技巧，传递解决问题的思路和理念。

本书在第一版基础之上进行改版，由杨添天担任主编，张云、陈建军担任副主编，郭智超、徐婷婷、戴彬楠、张志博、王冰负责编写和修订。这次修订，重点补充完善了前沿行业案例，并在章节编排上做了适当调整，以便更好地满足读者需要。

最后，感谢你我一同关注学生的成长！

目录

第一章

赢在大学第一站

项目简介

项目背景

　　2023 年，某大型通信公司年度优秀员工李木子，毕业多年后成为工程部副部长，在一次校友会中，李木子遇到了曾经的同学张长弓、王小强等，他们曾一起学习，一起成长。李木子还记得当年，他们刚进入大学校门时，在职业导师的陪伴下，一起锻炼职场综合能力的经历。那时，他们 3 个人刚刚高中毕业，成功考取励志大学电子信息工程专业。在军训中，3 人成为好友。在大学里，他们 3 人各有所爱，也各有所长。张长弓很有想法，报名参加了 ICT 校企合作班，善于思考的他很困惑："企业需要什么样的人才？大一的我如何面对 4 年后的就业？"而李木子和王小强也在迷茫，不知道该如何开启大学生活，不知道要不要参加 ICT 校企合作班。

　　听 ICT 校企合作班的职业导师说，PQT 课程有助于提升职场能力。于是张长弓、李木子和王小强 3 人的心里踏实了很多，但什么是 PQT？ PQT 课程如何助力自己的职业能力提升呢？

项目目标

① 学习并理解 PQT 及准职场人的定义。　　② 明确大学生与准职场人的差距。

③ 了解 PQT 课程与就业的关联度。　　④ 学习班级企业化管理的含义、必要性及内容。

⑤ 理解并运用班级企业化管理。

知识图谱

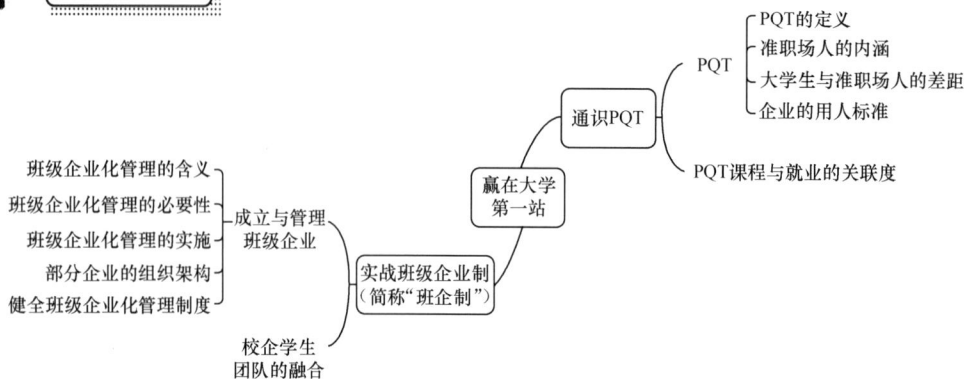

破冰活动

谈谈你对职业能力素质的看法

在世界 500 强企业招聘工作的 3 个核心衡量要素中，职业能力素质是核心要素，因为专业技能和工作经验体现的是一个人的职业能力素质。世界 500 强企业将职业能力素质作为判断个人潜力的标准，它们看重的职业能力素质有诚信、敬业、学习能力、沟通能力、团队协作等。

——宏威管理咨询公司

职业能力素质是指一个人在从事特定职业时需要具备的一些技能、知识和能力等。职业能力素质非常重要，因为一个人职业能力素质的高低将决定其在职场上的表现和成就。

首先，职业能力素质可以帮助一个人更好地胜任工作。只有不断地提升自己的职业能力素质，才能让自己更快地适应工作环境并胜任自己的工作。

其次，职业能力素质是自我实现的一种重要手段。在职业上得到认可能够使个人获得更多的自信和成就感，这种自信和成就感会对个人产生积极的影响。

最后，职业能力素质是在职场中获得晋升的必要条件。在竞争激烈的职场中，拥有较高的职业能力素质可以赢得领导和同事的认可，从而实现自己的职业目标。

总之，职业能力素质是一个人在职场上取得成功的关键之一。持续提升自己的职业能力素质，不仅可以为个人的职业发展加分，同时也可以让个人在生活中更加自信。

任务一 通识 PQT

一、PQT

张长弓、李木子、王小强等人听完职业导师对准职场人的介绍，都担心起来：原来企业的用人标准这么高！4 年之后的我们能达到企业的要求，顺利入职吗？职业导师说 PQT 课程能够帮助我们提升综合职业能力，好想知道 PQT 的课程体系是什么样的。

（一）PQT 的定义

PQT（Professional Quality Training，职业素质训练）是校企合作专业中企业方专业人才培养方案的重要组成部分，贯穿新生入学至毕业的整个大学阶段。

PQT强调提升职业素质，使学生不仅掌握专业知识和技能，同时还具备一定的职业素养和能力，提高专业竞争力，可以更好地胜任相关岗位，更好地适应职场环境，实现职业发展。PQT的形式非常多样，包括线上和线下的课堂培训、实物模拟、角色扮演、沙盘推演、团队协作、案例分享等。通过这些方式，学生可以获得从理论到实践多方面的培训和训练，从而提高职业能力素质。

PQT课程以就业为导向，以培养准职场人为核心，以任务驱动、训练、调研、企业融合教学等方式取代单一课堂讲授的方式，细化每个学期的训练目标，旨在通过训练实现学生从在校生到准职场人的转变。

（二）准职场人的内涵

准职场人是指按照企业对员工的标准要求自己，初步具备职场人的基本素质，即将成为职场人的人群。他们可以是接受职业培训的学生、实习生、毕业生或者正在转换职业的人等。

准职场人的内涵包括以下5个方面。

职业目标： 准职场人应该有明确的职业目标和规划，知道自己想从事什么职业，并为此做好充分的准备。

学习敬业： 准职场人应该通过不断学习来增强自己的职业能力意识，提高行动力，并且要注重职业道德和职业规范，积极开展工作，树立良好的职业形象。

团队合作： 准职场人应该具备良好的团队合作能力和沟通能力，并且能够适应职场环境。

创新创业： 准职场人应该有一定的创新精神，掌握一定的企业管理知识和经济思维，为日后的职业发展做好充分的准备。

积极进取： 准职场人应该具有积极向上的心态和进取精神，并且对自己的职业目标有清晰的认识和追求，不断努力，进而实现自己的职业理想。

综上所述，准职场人的内涵不仅包括具备职业技能和专业知识，还包括明确职业目标、学习敬业、团队合作、创新创业和积极进取等方面的素质。这些素质的塑造和培养将直接影响准职场人在职场的表现和职业发展路径。

案例讨论

在一般人看来，餐馆服务员这个职业一般不需要什么技能，只要招待好顾客就可以了。虽然有人已经从事这个工作很多年，但很少有人会认真地投入这个工作，因为这看起来实在没有什么需要投入精力的地方。但有一位服务员一开始就表现出极大的耐心，并且全心全力地投入工作。一段时间以后，服务员不但熟悉了常来的顾客，而且了解了他们的口味，总是能让他们高兴而来，满意而去。这样不但赢得了顾客的称赞，而且为饭店增加了收益，并且在其他服务员只照顾一桌顾客时，这位服务员能够独自招待几桌顾客。就在管理者发现其才干，准备提拔这位服务员做店内主管时，这位服务员却婉言谢绝了这个任命。原来，一位投资餐饮业的顾客看中了这位服务员的才能，准备与这位服务员合作，资金由对方投入，这位服务员负责管理和培训员工，并且郑重承诺：这位服务员将获得新店 25% 的股份。现在，这位服务员已经成为一家大型餐饮企业的管理者。

问题讨论：根据案例，你能分析"做完"与"做好"的不同吗？

一位销售代表完成了向客户推销产品的任务，但他只是简单地完成了交易，没有充分关注客户需求。这个销售代表只是做完了工作，但没有做好工作。

做完工作的销售代表可能会遇到以下情况。

① 客户没有感受到足够的关注，可能不会再次购买该产品或与本公司进行业务合作。

② 销售代表可能会错过收集客户反馈信息和市场信息的机会，这有可能会导致公司的市场策略和产品设计出现缺陷。

相反，如果销售代表做好了工作，充分关注了客户需求，则可能会获得以下好处。

① 客户可能会感到满意，并进行口碑宣传，使公司受益于客户的推荐。

② 可以收集客户的反馈信息和市场信息，并在以后的产品设计和市场策略中加以应用，从而开发新产品或改进现有产品。

通过这个例子可以看出，如果只是做完工作，而不做好工作，则可能会缺乏与客户积极沟通的动力和满足客户需求的能力。如果能够做好工作，充分关注客户需求，那么将赢得客户的满意度和口碑，进而为公司创造更多的机会和更大的收益。

（三）大学生与准职场人的差距

1. 承担的责任不同

大学生的角色定位简单，大学生以学习、探索为主要任务，在学习中不怕犯错误，可以不断地去尝试解决问题的方式。而且，大学生在学习上有问题可以向老师请教，在生活上有困难可以向父母和朋友求助。成为职场人后，大学生应尽快适应社会，学会听从企业的管理，迅速适应上级的管理风格。职场人如果在工作中犯了错，将要承担相应的成本和风险。

2. 面临的环境不同

大学生在校园里往往过着"寝室—教室—图书馆—食堂"四点一线的简单生活。而职场人面临的是快节奏的生活和复杂的社会环境，并且绝大多数人没有寒暑假，可自由支配的时间少。大学生刚开始进入职场时，由于缺乏实际工作经验，在工作中可能会力不从心，不能得心应手，在心理和精神上会有很大的负担。

3. 人际关系不同

处理好人际关系是每个大学生成为职场人后必须学会的事情。大学生的人际关系往往比较简单，而进入社会后，大学生要尽快适应周围的人际关系。

4. 文化环境不同

大学生的学习时间可弹性安排，有较长的节假日和休息日；大学的教学大纲里有明确的学习任务，学习内容以知识为导向，以抽象性与理论性知识为主；大学里鼓励师生进行讨论甚至争论，要求教师公平对待学生。但职场人要按时上班，不能迟到、早退，大多数职场人没有寒暑假，会有紧急的工作任务，且管理者通常对讨论的内容不感兴趣，甚至有些管理者会比较独断。

（四）企业的用人标准

企业的竞争就是人才的竞争，人才是企业的根本，是企业宝贵的资源。因此，如何选择合适的人为企业工作，已经成为企业生存与发展的重要因素。换言之，从业人员的素质高低，极大地影响着企业的成败，企业需要的人才必须具备以下10个条件。

1. 敬业

很多中层领导感觉年轻的下属对待遇和福利的要求越来越高，而对具体工作却不能安心处理、对企业越来越不忠诚。因此，是否敬业是企业非常看重的一项考察内容。

🔍 小故事

　　两个年轻的大学毕业生杰瑞和汤姆来到了希尔顿酒店工作，起初他们为终于有了不错的工作而感到兴奋，但是很快两人感到自己并没有得到酒店的重视，因为他们被安排去打扫楼道卫生。上班第一天，杰瑞和汤姆都很踊跃，积极工作，尽量表现自己。就这样过了两个月，杰瑞和汤姆仍然在打扫卫生。在这期间，汤姆不断地埋怨酒店和经理，也不勤快干活了，总是踩着点上下班。

　　杰瑞仍然一如既往地认真工作，也很少发牢骚，他把这些当成对自己的锻炼和考验。每天他吹着口哨，很早就来到酒店准备好一天的工作，他认为，作为一名新员工，应该尽量多做一些，把工作做到位再休息。

　　3个月过去了，汤姆终于忍不住提出辞职。接着又过了一个月，杰瑞被经理任命为客房部主管。

许多人上班总是喜欢迟到、早退，要么在办公室与人闲聊，要么借出差之际游山玩水……他们并没有因此被开除或扣减工资，这看似占到了便宜，但其实会影响个人的名声，也很难有晋升的机会。如果你一直努力工作，且不断进步，就会在公司甚至整个行业内拥有一个好名声，而良好的声誉将陪伴你一生。

问题讨论：请分析敬业对一个人取得成功的影响。

敬业是指员工在工作中认真负责、热情投入，以及对工作成果的极高追求，它与员工的职业素质、道德品质、工作热情等紧密相关，敬业对一个人的职业生涯有以下影响。

提高职业素质： 敬业反映了一个人对工作的认真程度。这种对工作的热情和执着，能够增强员工的自信，提高员工的自我价值感和使命感，从而不断提高个人的职业素质。

增强工作热情： 具有敬业态度的员工常常表现出对工作极大的热情和投入，注重对工作进行认真的分析和规划，从而不断提高自身工作的质量和效果，进而影响其他员工，有助于在整个团队中建立共同的职业理念，提升整个团队的工作热情和协作能力。

获得领导或客户的信任： 敬业态度是赢得领导或客户信任的重要因素。具备敬业态度的人，能在工作中始终以客户需求为中心，关注客户需求细节和客户对产品与服务的要求，积极地为客户服务，从而赢得客户的信任。

提高职业发展前景： 敬业的员工能够始终坚持对工作的追求，而这会在竞争激烈的职场上体现出巨大的优势，并在职业发展过程中获得重要的资源和助力。

综上所述，敬业是一个人在职场上获得成功的重要因素之一，它能够影响个人的职业素质、工作热情、信任感，以及职业发展的前景。

2. 专业知识和学习能力

现代社会分工细致，各行各业所需的知识越来越精细化和专业化。大学生的专业知识和学习能力是未来职业发展的重要前提。随着社会和市场的发展，职业知识和相关技术的更新速度越来越快，如果大学生缺乏专业知识和学习能力，将会面临职业发展的困境。

3. 沟通能力

良好的沟通能力是职场中必备的一项素质，通过良好的沟通，大学生可以更好地展现自己的长处，更好地与他人协作和共事。

4. 反应能力

反应能力强的人，能够在短时间内适应新的环境和工作任务，更好地与同事和领导沟通合作，同时可以更好地抓住机会，更快地做出决策，并更快地适应不断变化的职场环境，具有更好的综合素质和更强的竞争力。

对问题分析缜密、判断正确而且能够迅速做出反应的人，在处理实际问题时，会比较容易成功。现代企业的经营管理面临诸多变化，只有抢先发现机遇，确切掌握时效，妥善应对各种局面，才能立于不败之地。

5. 自主学习能力

科技的发展日新月异，市场的竞争瞬息万变，企业要想持续进步，只有通过不断地学习和创新。而企业开展的一切工作都是以人为主体的，因此，学习能力强且拥有创新意识的员工，才是企业所需要的员工。

6. 道德品质

良好的道德品质是一个人为人处事的根本，也是企业对人才的基本要求。一个人即便再有学问、再有能力，如果道德品质不好，也不会被企业聘用。

7. 团队协作精神

当今社会，一个再优秀、再杰出的人，如果仅凭自己的力量，则很难有大成就。凡是能够顺利完成工作的人，必定具有团队协作精神。

强化训练

说说我眼中的你

团队内部活动（每个团队 5～6 人）：

① 每个人在一张 A4 纸的上方写上自己的姓名、部门、职务，并把这张纸分成三等份，在前两个部分写上自己的优势、劣势，最后一个部分用于团队内部人员相互评价；

② 团队内部人员相互评价；

③ 相互评价后，将这张 A4 纸转回每个人的手中；

④ 看过别人对自己的评价后，请大家分享心得体会。

---

8. 健康的身体

成功的事业基于健康的身体，一个身体健康的员工精力充沛、干劲十足，能够担负起繁重的任务。

9. 自我认知

自我认知可以帮助大学生客观地了解自己的性格、兴趣、价值观、能力及优缺点等，对未来的职业发展和人生规划有更准确的定位，通过自我认知可以找到自己的优势，并进一步挖掘和发挥这些优势，从而更好地发挥自己的才能和个人价值。大学生自我认知能力越强，越能通过各种方法提升自己的能力，并在未来的职业发展中表现得更好。

10. 环境适应能力

企业会重视能在最短的时间内熟悉工作环境，并且很快能与同事融洽相处，取得大家认同和信任的员工。反之，如果新人过于坚持己见，与环境格格不入，或不能适应企业文化，即使这个人满腹才学，也将难以施展。

知名企业之所以知名，原因之一是该企业有独特的用人原则和招聘方法。想要在应聘和面试中"打有把握的仗"，了解各大知名企业的文化和风格，并将它们融入自己平时的学习和生活中，是非常有必要的。

🔍 小故事

企业招聘标准举例

中国移动： 要具备较强的学习能力、沟通能力、团队合作能力和创新能力等；要具备良好的职业道德和文化素质，能够快速适应企业文化和工作环境；还要具备相关专业知识和技能，例如，如果你应聘技术岗位，则要具备相关的编程、测试等知识和技能；如果你应聘销售岗位，则要具备较强的销售技巧和服务意识。

谷歌： 注重候选人的知识背景和技术能力，认为最佳候选人应在计算机科学等领域有卓越表现。在面试过程中，广泛考察知识、技能和经验等方面，同时关注候选人的创造能力、沟通能力和团队合作精神。

微软： 偏向有冒险精神的人。要想成为微软公司的一员绝非易事，候选人不仅要对软件开发有浓厚的兴趣，而且还要有丰富的想象力和敢于冒险的精神。微软宁愿冒风险任用曾经历过失败的人，也不愿意要一个处处谨慎、毫无建树的人。另外，工作中善于与他人合作也是微软招聘的条件之一。

苹果： 强调员工的个性和创新能力，注重候选人的适应性和领导力等方面。苹果尤其看重候选人的多样性和跨文化背景，以及在相关领域的经验等。

阿里巴巴： 注重候选人的创新思维和团队精神。阿里巴巴认为最佳候选人应具有良好的学习能力、适应能力、沟通能力和创新思维，同时要有团队协作的经验。

英特尔： 注重候选人的创新思维。英特尔在各高校招聘应届毕业生时，倾向于招聘富有创新意识的学生，最好是在校期间就完成过颇有创意的项目。

宝洁： 注重候选人的经历，热心参加社会活动者优先。如果候选人去宝洁公司的"飘柔"部门应聘，则可能会被问："是否经常参加学校的活动或组织过哪些活动？"此时，千万要据实以告。因为面试官会接着问你许多相关的细节问题，例如，活动的程序、内容、参加的人数、活动过程中的突发事件，以及你的应对方法等。

世界银行： 要具备丰富的行业经验，对经常要考察、验资的银行人员来说，知己知彼非常重要。所以，有不同行业经验、了解不同国家文化差异是世界银行招聘的重要条件。

请大家谈谈对"企业招聘标准举例"的想法和心得。

二、PQT 课程与就业的关联度

PQT 课程与就业紧密相关，主要体现在以下 3 点。

1. 以就业为导向

学生在掌握职业技能的前提下，能否真正步入 ICT 领域的企业并获得长足发展，主要看学生能否顺利渡过面试关、试用关，以及在企业工作一年内的稳定程度。PQT 课程通过职场礼仪、沟通表达能力、简历制作、面试技巧等训练，提高学员面试的成功率；通过职场沟通、团队协作等训练，帮助学生顺利度过试用期；通过就业案例、职场问题分析等训练，引导学员面对现实、调整就业心态、掌握就业技能。

2. 以准职场人培养为核心

大学生的年龄集中在 18 ～ 22 岁，很少有人经受过生活的磨炼。引导学生提前意识到现实的复杂性和压力，有意识、有目标地改变自己的行为习惯，训练自己的求职技能，主动把自己定位为准职场人，是学生实现从"学校人"向"社会人"转变的根本所在。PQT 课程的目的是强化学生准职场人的定位意识，并把这种意识落实到学生的日常行为要求中，使学生养成良好的职业习惯。

3. 以任务驱动式授课、训练为手段，把训练渗透到日常工作中

以往，职业素质培养课程的重点是告诉大学生应该做什么，然后假设大学生会做这些"应该做的事情"，结果可能是大学生的意识和行为习惯都没有明显改变。在 PQT 课程中，我们以承认大学生现有的习惯和方式为前提，通过任务驱动式授课、情景演练，以及课外阅读，让大学生认识到自己目前存在的问题。

小贴士

PQT 课程贯穿大学生从入学至毕业整个阶段。PQT 课程以就业为导向，以准职场人的培养为核心，以任务驱动、训练、调研、企业融合教学等方式取代单一课堂讲授的方式，细化每个学期的训练目标，旨在通过训练实现学生从在校生到准职场人的转变，提升学生的就业能力。

思考练习

"我身边的敬业故事"主题演讲活动：将班级学生按 5 人一组，分组进行演讲展示。

·任务二· 实战班级企业制

一、成立与管理班级企业

经过详细了解，李木子、王小强受张长弓的影响，也加入了 ICT 校企合作班。PQT 课程的导师宣布，大学的班级管理要融合企业管理，实施班级企业制（以下简称"班企

制"）。王小强想：班级是企业吗？我要不要竞聘班企干部？如何在班企管理中成为一名优秀的准职场人？

（一）班级企业化管理的含义

班级企业化管理就是把一个班级当作一家企业来管理。具体是指根据学校办学定位，把班级模拟成一家企业，移植、提炼和升华优秀的企业文化，营造和构建学校优秀"企业（班级）"文化氛围，使学生在优秀"企业（班级）"文化的熏陶下，进行自我尝试、自主管理，有计划、有目的地把学生培养成会沟通、会配合、具有准职场人意识的一种新型班级管理方法，即通过高校的德育管理促进大学生职业素质的培养，在德育评价标准和奖惩措施上，融入企业的管理机制，将企业的规章制度和文化理念渗透到平时的教育教学中，使学生养成良好的职业习惯。

（二）班级企业化管理的必要性

校企改革教育的中心任务是培养学生的职业道德、提高学生的职业素质和就业能力，而不是提高学生的应试分数。要在较短的时间内引导学生了解企业及企业文化，感悟职业及职业精神，培养职业道德、提高职业素质，仅凭口头授课是不行的，一定要落实到具体的教育活动和教育实践中。建立与优秀企业文化对接的班级企业化管理模式，能够使学生提前了解和适应优秀企业的管理制度，提前了解和认识企业的岗位意识、责任意识、安全意识、产品意识、质量意识、节能意识、团队意识、管理意识，提前尝试如何担任企业主管或部门负责人、如何齐心协力做好企业建设等，有利于学生的个人成长与职业发展。

（三）班级企业化管理的实施

1. 成立企业

给班级冠上一个有特殊含义的企业名称是班级企业化管理的第一步。例如，飞洋通信公司（2023级电子信息工程1班）和卓越通信公司（2023级通信工程2班）。

2. 设立企业（班级）愿景

一个好的企业愿景能激发企业员工的凝聚力和向心力，给班级设立有"特殊意义"的愿景是班级企业化管理的第二步。

3. 打造企业（班级）文化

企业文化是激发企业员工斗志的精神动力，能使企业员工彼此产生共鸣。给班级打造自己的文化是班级企业化管理的第三步，例如，理念是"尊重、尽责、奉献、卓越"；口号是"前程前程，事业有成"；班歌是《我的未来不是梦》。

4. 迁移企业管理

结合班级与企业职位，实行"一岗双职"管理，例如，既是班长又是总经理，既是心理委员又是人事经理等。这种名称能充分体现"岗位责任"或"独当一面的责任人"

的理念，能使企业员工具有明确的岗位意识和责任意识。迁移企业的岗位名称是班级企业化管理的第四步。

一家优秀的企业能够有序、高效地开展各种烦琐的工作，其主要原因在于优秀的企业有清晰的人员管理制度。优秀企业的人员管理能够做到"岗位清晰，责任到人"，即"人人有事做，人人有责任，事事有人做，事事有主人"。迁移企业的人员分工是班级企业化管理的第五步。

5. 借鉴优秀企业的管理制度

借鉴优秀企业的管理制度是降低管理成本、提高管理效率的有效措施之一，是班级企业化管理的第六步，例如，现场"6S"管理、奖罚制度、工作流程图、岗位说明书等。若在实训室、实验室、教室、宿舍等内务卫生方面采用现场"6S"管理，不仅能促使学生把卫生做好，还能把学生培养成一个懂规矩、明事理、有素养、具有良好行为规范的人。

（四）部分企业的组织架构

案例讨论

组织结构是判断一家公司企业文化的标准之一。新浪微博上有一张有趣的企业组织结构图，如图1-1所示。

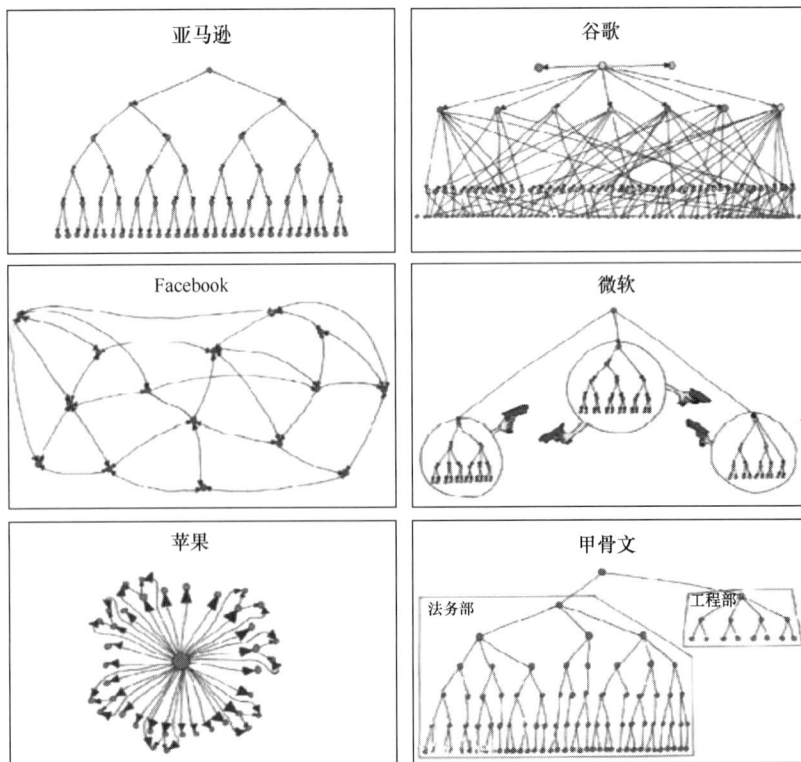

图1-1　企业组织结构图

从图 1-1 中我们可以看出：亚马逊有着严格的等级制度；谷歌也有清晰的等级制度，但是部门之间相互交错；Facebook[1] 就像一张分布式网络；微软则是各自"占山为王"；苹果是一个人说了算；甲骨文法务部的结构远比其工程部的结构复杂。

你觉得这张图可靠吗？形象吗？

事业部制是由美国通用汽车公司总裁斯隆于 1924 年提出来的，有"斯隆模型"之称，也被称为"联邦分权化"，是一种高度（层）集权下的分权管理体制，如图 1-2 所示。它适用于规模庞大、产品种类繁多、技术复杂的大型企业，是国外较大的联合公司常采用的一种组织结构。近几年，我国一些大型企业集团或公司也采用了这种组织结构。事业部制是分级管理、分级核算、自负盈亏的一种形式，即一家公司按区域或按产品类别分成若干个事业部，从产品的设计、原材料采购、成本核算、产品制造，一直到产品销售，均由事业部及所属工厂负责，实行单独核算、独立经营，公司总部只保留人事决策权、预算控制权和监督权，并通过利润等指标对事业部进行管理。

```
                    董事会
                      │
                    总经理
                      │
  ┌───────┬──────┬──────┬──────┬──────┬──────┐
人力资   财务   营销   市场   生产   研发
源部门   部门   部门   部门   部门   部门
```

图 1-2　斯隆模型

🔍 **小故事**

华为的组织结构

华为的组织结构是一种普遍应用的弱矩阵结构。弱矩阵结构是指一种以功能部门和项目团队为主体的复合型结构。采用弱矩阵结构的华为部门层级较为平坦，在实际运作过程中，具体的项目团队能比较自主地地处理业务，适应性较强。

具体来说，华为的组织架构包括以下 4 个方面。

综合服务部门： 包括管理部、运营部、销售部、财务部、法律部，以及人力资源部等职能部门。

技术部门： 包括研究部、开发部、软件部、硬件部，以及技术支持部等技术部门。

---

1. Facebook 公司于 2021 年改名为"Meta"。

业务线：华为的业务线主要基于其服务对象和产业链，如运营商业务、企业业务、消费者业务等。

项目团队：由华为内部的不同部门组成，独立负责不同的项目，如5G网络、智能设备、数字化转型等。

华为对人才的发展非常重视，除了以上的组织结构，还有其他的职位晋升和专业轨道等措施，以促进员工的成长和发展，并引导员工形成合理的职业发展规划，从而帮助公司实现商业目标和长期战略规划。

虽然华为的治理整体极为严密，但由于其内部采用弱矩阵结构，员工之间的协作和沟通较多，而且华为非常注重创新和自主创业，因此其员工具备较高的自主性和创造力，这也是华为在市场上具有较强竞争力的原因之一。

（五）健全班级企业化管理制度

在校企合作背景下，以准职场人为导向，通过高等学校德育管理来培养学生的职业素质。以班级企业化管理为依托的制度方案，结合了《大学生德育管理手册》，确定了学生在月绩效考核、部门管理、日常管理3个方面的关键绩效指标（KPI），并对学生的综合测评成绩、评优、评奖、评先进等方面进行了相应的筹划。

1. 月绩效管理

根据准职场人的职业素质要求，为端正学生的日常学习态度与生活态度，打造其职业价值观，使其适应企业月考核模式，将月绩效管理作为整体绩效考核的50%，以督促学生在日常学习与生活中不断提升自己。

2. 部门管理

根据班级企业化管理制度，为发挥各部门职能，促进学生团队协作能力的提升，规范与实施部门各项条例，通过每个学期部门之间的互评考核，提升学生对部门管理的认知度和重视度，将部门管理作为整体绩效考核的25%进行激励与责罚。

3. 日常管理

根据学生管理制度，深化融合企业要求与标准，督促学生进行自我管理，将日常管理作为整体绩效考核的25%，以帮助学生明确日常行为规范。通过每月的通报（奖励通报与批评通报）加减综合测评量化分数，对学生的日常行为进行规范与监督。

综上所述，在校企合作的背景下，为了更好地促进学生综合素质的提升，调动学生的积极性与主动性，发挥校企双方优势，将量化考评与班级企业化管理相结合，以公平、公正、全面、客观为原则，制定出本方案。

敲黑板

首先，班级企业化管理分为 3 个重要部分：月绩效考核占 50%、部门管理占 25%、日常管理占 25%。综合测评总分为 12 分，即月绩效考核满分 6 分，部门管理满分 3 分，日常管理满分 3 分。

其次，将量化考评应用于班级企业化管理的 3 个方面。按日期划分，量化考评可分为月度考评与学期考评，月度考评为量化月绩效考核，学期考评为量化部门管理与日常管理。

量化月绩效考核源于企业对员工工作态度、工作能力、工作成绩的要求。结合学生的实际情况，将量化分数与月绩效考核分数相结合，将考评结果具体分为 A、B、C、D、E、F 这 6 个级别。

月绩效考评主体为学生、部门经理、总经理、董事长。每月由董事长、总经理、各部门经理集体召开考评会，统计考评结果。考评会时间为每月最后一天的下午 5:00—6:00，以纸质版考核表统计数据，统计完毕后，由人事部录入电子版数据，考评结果在次月的前 3 个工作日内进行公示，以加强教师对学生的全面了解。

二、校企学生团队的融合

为实现资源共享、优势互补，促进学生的积极性与主动性，使其快速进入准职场人角色，ICT 校企合作班高度重视企业要求，实施"一岗双职"管理制度，即校企不分家的学生团队管理机制，帮助学生干部兼顾校企双方岗位职责，体验企业式管理，发挥其带头作用，实现学校、企业和学生"三赢"。具体班企干部招募将在实践课上开展。

小贴士

在校企合作的背景下，自实施班级企业化管理以来，班级的教室干净整洁，学生的学习态度积极端正。同时，学生的责任心增强了，参与事务增多了，自主管理能力提升了，职业素质也提高了。总之，实施班级企业化管理，是真正落实"上学即上班，上课即上岗，学习即工作，作业即产品"的教育理念，是真正把职业素养的培养落实到高等学校学生的学习生活中，它符合"应用型准职场人"的人才培养目标，将成为有生命力的校企合作办学班级管理模式。

思考练习

1.请结合本班级实际情况，分组实践：设计一个班级企业名称，画出合适的组织结构图，派出代表进行相关阐述。

2. 如何开展班级企业化管理？

拓展训练

走进企业——探索本地 ICT 领域的企业

组织学生参观本地 ICT 领域的企业，并结合课程内容完成以下任务：围绕我眼中的企业、企业与行业的关系这两个方面写一篇企业观后感，提交给各组组长，由组长进行汇总，并制作演讲的 PPT，题目自拟，演讲时间为 5 分钟。

项目总结

大学生的德育管理旨在培养职业素质，主要体现在高校德育管理与企业文化的结合层面。

在德育评价标准和奖惩措施上，融入企业文化，对班级进行管理和评价，引导学生以企业需要的核心素质严格要求自己，培养学生的职业道德、职业情感和职业习惯。例如，将班长职位设为总经理，对全班全权负责；将生活委员设为财务经理……巧妙地套用企业的经营管理模式，将班级在学校、年级的排名视为企业的品牌影响力，增强学生对企业（班级）的认同感和责任感；将公司规章制度和文化理念渗透到平时的教育教学中，使学生在校期间就能养成良好的习惯，例如，定期检查仪容仪表，以实现与企业基本礼仪要求的对接；制定措施加强管理，以实现校规与企业相关制度的对接。上述工作都是很平凡甚至很简单的，但真正做好平凡的事是不平凡的工作，真正做好简单的事也是不简单的工作，这个道理要让学生明白并身体力行。

第二章
塑造职场文化力

项目简介

项目背景

李木子问王小强："成为班企制的一员、与'企业管理'零距离接触、企业文化育人是什么？企业家精神又是什么？企业家和'我'之间的差距是什么？"王小强无奈地摇摇头，表示不太清楚。张长弓兴奋地说："任正非是我心目中伟大的企业家，作为华为创始人，他用实际行动重新定义了中国企业家精神。他的创业故事激励着无数企业家砥砺奋斗。他和他缔造的企业一样沉稳低调，历经沉浮坎坷，却最终披荆斩棘，登上了个人意志和时代的巅峰。"李木子佩服地对张长弓竖起了大拇指。王小强调侃张长弓："原来企业家潜力股就在我身边啊！"

项目目标

① 理解企业文化的内涵。　② 掌握不同类型企业文化的特征。

③ 了解企业文化的构成要素。　④ 明确企业文化的功能。

⑤ 熟悉运用企业文化建设的方法。　⑥ 了解企业家概念。

⑦ 掌握企业家精神的内涵。　⑧ 理解企业家精神的本质与类型。

知识图谱

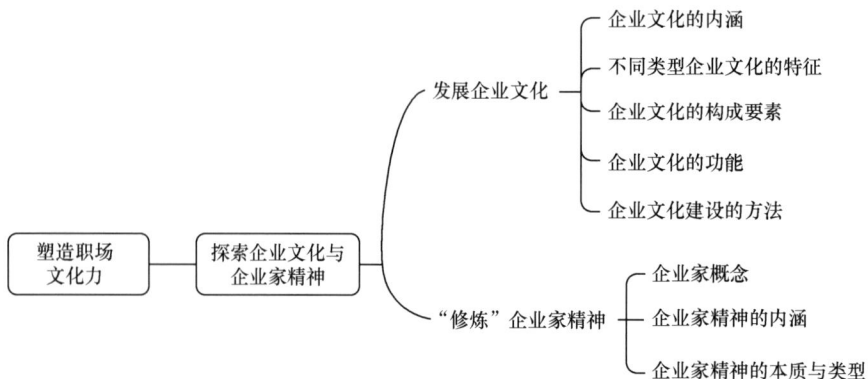

· 任务 · **探索企业文化与企业家精神**

一、发展企业文化

破冰活动

　　非洲草原上的羚羊从睡梦中醒来，它知道新的比赛就要开始，对手仍然是狮子，想要活命，就必须在赛跑中获胜。而狮子思想负担也不轻，假如它跑不过羚羊，也无法活命，当太阳升起时，为了生存下去，最好还是快跑吧！

　　多么奇妙的事情，强如狮子之强，弱似羚羊之弱，差别不可谓不大，然而在物竞天择的广阔天地里，两者面临的求生欲和压力却是平等的。可见，在动物世界里，想要逃避死亡的追逐，必须战胜自己，必须越跑越快，因为稍一松懈便会成为他人的战利品，绝无重来的机会。最大的敌人是自己，对人来说又何尝不是这样？

（一）企业文化的内涵

　　企业文化是一种以现代科学管理为基础的新型管理理论和管理思想，是企业发展到一定阶段，全体员工在创业和发展过程中培育形成并共同遵守的基本信念、行为规范及企业愿景的总和，集中体现了企业经营管理的核心理念，以及由此产生的组织行为。企业文化的内涵十分丰富，它包括企业在长期的生产经营中形成的管理思想、管理方式、群体意识和行为规范等，渗透于企业的各个领域和阶段。

　　企业文化可以激发员工的使命感、凝聚员工的归属感、加强员工的责任感、赋予员工的荣誉感、实现员工的成就感。

　　企业文化能激发员工的使命感。任何企业都有它的责任和使命，这是全体员工工作的目标和方向，是企业不断发展和前进的动力之源。

　　企业文化能凝聚员工的归属感。企业文化的作用就是通过企业价值观的提炼和传播，让一群来自不同地方的人共同追求同一个梦想。

　　企业文化能加强员工的责任感。企业要通过各种方式宣传责任感的重要性，管理人员要给全体员工灌输责任意识、团队意识和危机意识。

　　企业文化能赋予员工的荣誉感。鼓励员工在自己的工作岗位做贡献、出成绩、得荣誉。

企业文化能实现员工的成就感。企业的繁荣昌盛关系到每一位员工的生存，员工们的凝聚力越强，会更积极进取，成就感就越大，越明显。

（二）不同类型企业文化的特征

如果把不同特色的企业文化与大自然的动物进行类比，你能想到哪些动物？

《中国企业文化长青报告》挑选了 34 家中国优秀企业，根据这些企业的氛围、领导人、管理重心、价值取向 4 个方面的文化特征，类比自然界中动物的特性，总结出 4 种企业文化类型：象文化、狼文化、鹰文化、羚羊文化。该报告作者希望通过分析优秀企业的理念及其在经营过程中的执行来展现成功企业的文化。

1. 象文化——人本型企业文化

象给人的感觉是温和且敦厚，而这种动物特征的企业文化，通常也以温和为主。象文化强调以人为本，这类企业会经常出现"以人为先""人文关怀"等关键词，企业充分重视人力资源，着力打造和谐的工作环境，尊重、重视员工的发展，领导者并不是老板，更像是一位导师。尊重人，并为人才创造和谐、富有激情的工作环境，是象文化企业最大的特点，万科、青岛啤酒、微软等企业是象文化企业的代表。象文化企业通过重视员工的需求与发展，从而增加员工对企业的归属感，而不是一味地把员工作为企业追求利益的"工具人"。

2. 狼文化——团队文化

狼文化是指将拼搏精神运用到事业中。狼的"贪""残""野""暴"这四大特点都应在团队文化中得以再现：对工作、对事业要无止境地去拼搏、探索；要毫不留情地克服工作中的困难，在工作的逆境中，要认真地对待一个又一个难关。

3. 鹰文化——市场型企业文化

鹰文化企业通常是以结果为导向的组织，像鹰一样扑捕目标，强调目标意识。这类企业会激发员工的竞争意识，让员工保持高度的市场敏感度，靠强调"胜出来"凝聚员工，所以企业的成功也就意味着高市场份额和拥有市场领先地位。鹰文化企业倡导讲业绩、讲效率、用业绩说话，所以企业要想高质量发展，必须要有勇猛的精神，既要能追求工作实效，又要用完善的政策来提升员工的主观能动性，从而激励员工为了实现目标而努力。

4. 羚羊文化——稳健型企业文化

羚羊文化是一种稳健型企业文化的代表。羚羊的品性温和，反应快速，又不失稳健。这类企业往往强调规范性，企业通过规则凝聚员工，凭借可靠的服务、良好的运营在竞争中突破重围，稳步前行。

不同的企业需要不同类型的文化，不存在统一的标准。但无论企业的规模大小，无论企业处于何种成长阶段，都必然需要一定程度的以"市场为先"的企业文化，市场竞争越激烈，这种企业文化的需求强度就越高，企业文化类型与企业的成长阶段有着密不可分的关系。

📔 敲黑板

一般而言，企业发展经历初创期、成长期、成熟期、衰退期4个阶段，分别对应临时体制式、部落式、等级森严式、市场为先式4种文化类型。在一家企业的成长过程中，初创期往往意味着小规模，需要不断调整自己的业务，高度灵活地适应市场。在这个过程中，必然需要一种与之相匹配的临时体制式文化，它可以充分授权创业员工，使其与市场密切接触，将信息进行有效反馈，从而快速调整产品战略、市场策略。为适应市场、保证生存，领导者可针对问题发挥不同的创意，使企业在探索中前进。

在成长期，企业取得了一定成绩，正在发展壮大，迫切需要打造过硬的团队，以应对方方面面的创新，确保"革命种子"生根发芽，组建企业所需的"打江山"的干部队伍。在此期间，企业必然需要形成企业文化，并强化此文化。当企业具备了相当的规模，只靠人管理是无法满足管理运营稳定的需求的，此时，企业必然需要建立健全各种制度，依靠制度的权威性来管理企业，因此等级森严式文化是一个适宜的选择。

在衰退期，企业数量规模发展到这一周期的极致，效益和效率急剧下滑，企业面临巨大变革，进一步锁定市场发展就是核心之一，从文化、战略、管理等方面对企业进行革新，市场为先式文化应运而生。

（三）企业文化的构成要素

1. 理念
由共同愿景和价值观构成。

2. 制度
由管理制度、资源配置制度、实现生产（或服务）的制度、测量、分析和改进制度构成。

3. 行为规范
由公德规范、职业道德规范和个人修养规范构成。

上述企业文化的构成要素之间的关系：理念起主导作用；制度起激励和约束行为的作用；行为规范既是理念的体现，又是制度执行的结果。三者相互磨合、融为一体，最终形成一家企业的文化。

（四）企业文化的功能

1. 导向功能

导向功能对企业的领导者和员工起引导作用。具体表现在：共同的价值观念规定了企业的价值方向，决定了企业经营的思维方式和处理问题的规则。企业目标指引着企业发展的方向，企业员工在这一目标的指导下从事生产经营活动。

2. 约束功能

有效的规章制度是企业文化的内容之一，但制度总是落后于企业的发展，有时甚至还制约着企业的发展。企业文化在一定程度上潜移默化地影响着企业员工的思维模式和行为模式，一旦制度失效，企业文化约束员工的思想和行为的功能就会显现。

（1）有效的规章制度约束

企业制度是企业文化的内容之一。企业制度是企业内部的法规，企业的管理者和企业员工都必须遵守和执行，因此具有很强的约束力。

（2）道德规范约束

道德规范是从伦理关系的角度约束企业管理者和员工的行为。如果人们违背了道德规范的要求，就会受到舆论的谴责。

3. 凝聚功能

以人为本的优秀企业文化为员工营造了和谐的工作环境。各种文化活动的开展，增强了员工之间的沟通合作和团队意识，使员工之间形成了强大的凝聚力和向心力。

共同的价值观能够形成共同的目标和理想，员工会把企业看作与自己相连的命运共同体，把本职工作看作实现共同目标的重要组成部分，这样会使整个企业的步调一致，形成统一的整体。

4. 辐射功能

辐射功能也被称为扩散功能和外部功能。企业文化不仅可以影响企业内部，还能通过各种渠道对社会产生影响。企业文化是企业品牌形象的基本要素，企业文化的传播对提升企业品牌形象具有较大的帮助和影响。

（五）企业文化建设的方法

目前，越来越多的企业重视企业文化建设，都想建设自己的企业文化，可是部分初创企业不知道从哪方面着手，对于企业文化建设的步骤也是一头雾水。在企业文化建设的过程中，除了强调价值观的管理，还必须注重人格差异、群体动力等诸多心理与社会现象。

企业文化其实就是企业的一种价值主张，企业文化既可以包含员工的行为，又可以包含企业的规章制度、企业标志等。企业文化也可以说是企业的基因，是一种独一无二的表现形式，是其他企业无法复制的。这种特性在企业成立时就形成了，同时，企业文化也决定了企业发展的速度与高度。既然企业文化这么重要，如何建设企业文化体系就成了企业管理人员最关心的问题。目前企业文化建设的主要方法如下。

1. 晨会、夕会和总结会

晨会、夕会是指在每天上班前和下班前利用一些时间宣讲公司的价值观念。总结会是指月度、季度、年度部门和全公司的例会，这些会议应该固定下来，成为公司的制度及企业文化的一部分。

2. 思想小结

思想小结就是定期让员工按照企业文化的内容对照自己的行为，自我评判是否达到企业的要求，若没有达到，员工该如何改进。

3. 宣传企业文化标语

把企业文化的核心观念写成标语，张贴于企业显眼的位置。

4. 树先进典型

通过树立先进典型，员工可形象、具体地理解何为工作积极、何为工作主动、何为敬业精神、何为成本观念、何为效率高，进而影响员工的行为。例如，袁隆平、焦裕禄等。

5. 网站建设

在网站上及时宣传企业文化，也可以通过寻找专业的、与企业文化相关的网站，建设更符合、更贴近公司的企业文化。

6. 权威宣讲

引入外部的权威进行宣讲是一种建设企业文化的方法。

7. 外出参观学习

外出参观学习也是建设企业文化的好方法，这无疑是向广大员工暗示：企业管理者对员工提出的要求是有道理的，因为别人已经做到这一点，我们应该向别人学习。

8. 故事

有关企业的故事在企业内部流传，会起到企业文化建设的作用。

例如，华为的企业文化主要包含"狼文化＋薇甘菊战略"、团结奋斗和奉献精神；小米崇尚创新、快速的互联网文化，始终坚持"为发烧而生"的产品理念；字节跳动的企业文化与管理理念一脉相承，字节跳动秉承"追求极致、务实敢为、开放谦逊、坦诚清晰、始终创业、多元兼容"这6条"字节范"，鼓励员工畅所欲言……

9. 企业创业、发展史陈列室

陈列与企业发展相关的物品。

10. 文体活动

文体活动包括唱歌、跳舞、体育比赛、国庆晚会、元旦晚会等，可以把企业文化贯穿在这些活动中。

11. 开展互评活动

互评活动是指员工对照企业文化要求当众评价同事的工作状态，也当众评价自己做得如何，通过互评活动摆明矛盾、消除分歧、改正缺点、发扬优点、明辨是非，优化员工的工作状态。

12. 树立企业榜样

在企业文化形成的过程中，管理者作为模范有很大的影响。

13. 创办企业内部宣传物

企业内部宣传物是企业文化建设的重要组成部分，也是企业文化的重要载体。企业内部宣传物更是向所有与企业相关的人群宣传企业的窗口。

14. 企业文化培训

企业文化培训是企业文化建设过程一个非常重要的环节，能帮助企业的全体员工明确公司的战略目标，从而系统、有效地推行企业文化建设。

说说看

如果你是企业管理者，你想如何建设企业文化？

企业文化建设第一步：企业文化诊断。

对企业文化的诊断，是对企业的思想层面的问题进行梳理和分析，企业文化出了问题，表现出来的不仅是方向不明确、组织间协调不畅、制度不完善，也是缺少向心力和凝聚力，而向心力和凝聚力是无法像战略、组织、制度那样能够更为直观地表现出来的，因此在很大程度上还要依赖于主观的感受来判定，要深入企业去感知，从每一件事上进行推演。在此过程中可以辅以模型工具和量表进行测定，但仅做一个参照。

企业文化建设第二步：规范企业制度文化。

企业文化与企业制度之间是相互支撑、相互辅助的关系，制度文化是企业文化的重要组成部分。在制度文化建设中，要突出创新、严于落实，建立科学的企业决策机制和人力资源开发机制，制定完善的企业运行规则和经营管理制度，构建精干高效的组织架构，使各项工作衔接紧密，促进企业目标顺利实现。

企业文化建设第三步：增强企业创新意识。

创新可以为企业文化注入活力，提升企业文化建设水平。增强企业创新意识，牢固树立打造现代新型企业的思想。要充分认识创新是发展的活力源泉，建设创新型企业是实现率先突破发展和加快企业自身发展的需要，自觉把创新意识贯穿企业发展的始终，充分调动各方积极性，大力推进理念创新、工艺创新、技术创新和管理创新，研发新产品，拓宽新领域，真正把企业建设成为创新型企业。

企业文化建设第四步：打造团队企业文化。

企业发展目标的实现，离不开员工之间的相互协作。只有通过培养团队精神，企业才能不断创造出新业绩，在激烈的市场竞争中立于不败之地。企业文化建设的重要任务，就是在企业内部营造有利于企业发展的良好氛围，使领导与领导、领导与员工、员工与员工之间精诚合作，促进企业目标顺利实现。

企业文化建设第五步：企业文化的推广实施。

首先要建立企业文化的组织体系，这是企业文化实施的组织保障。然后根据企业文化的总体发展目标制定企业文化各实施阶段的推广计划和实施目标，将企业制定的企业文化理念通过培训、张贴标识等方式去影响大家的思想和行为，达到推广企业文化的目的。最后根据实施情况对企业文化各实施阶段的推广计划和实施目标的内容进一步修订和完善。

企业文化是企业发展的动力，是企业的灵魂。只有通过持续建设，企业文化才能深入人心，真正成为企业持续发展的动力来源。

敲黑板

1. 注重企业文化的形式，忽略企业文化的内涵

企业文化是将企业在创业和发展过程中的基本价值观灌输给企业全体员工，通过整合而形成的一套独特的价值体系，是影响企业适应市场的策略和处理企业内部矛盾冲突的一系列准则和行为规范。这其中包括创业者个人在社会化过程中形成的对人性的基本假设、价值观和世界观，也凝结了在创业过程中创业者集体形成的经营理念。将这些理念和价值观通过各种活动和形式表现出来，才是比较完整的企业文化。如果只有表层的形式而未表现出内在价值与理念，这样的企业文化是没有意义的、难以持续的。所以如果不能形成文化推动力，那么对企业的发展也无法产生深远的影响。

2. 将企业文化等同于企业精神，使企业文化脱离企业管理

有学者认为，企业文化是以文化为手段，以管理为目的。这种理解是有一定道理的，因为企业组织和事业性组织都属于实体组织，它们是依据生产经营状况和一定的业绩进行评价的。精神因素对企业内部的凝聚力、企业生产效率及企业发展固然有着重要的影响，但这种影响不是单独发挥作用的，而是渗透于企业管理的体制、激励机制、经营策略中，通过协同来发挥作用的，并且与企业环境变化相适应，因此不能脱离企业管理。

3. 将企业文化视为传统文化在企业管理中的直接运用

这种观点认为企业文化就是用文化来管理企业，例如，有些企业家认为应该用儒家学说管理企业，还有些企业家认为应该用老子学说管理企业。这些学说作为中国文化的思想代表用于指导企业管理和企业经营理念，但问题的关键在于如何用

传统文化了解当代人的心理，把握迅速变化的市场需求，如何激励员工，这些都需要找到适当的切入点，找准许多具体的联系。中国的传统文化思想中充满了哲理与思辨，在用于指导企业管理实践时，需要将其化为具体的行为准则和经营理念。

4.忽视了企业文化的创新和个性化

企业文化是在某一特定文化背景下该企业独具特色的管理模式，是企业的个性化表现，不是标准统一的模式，更不是迎合时尚的标语。虽然企业文化的形式可以是标准化的，但其侧重点各不相同，其价值内涵和基本假设各不相同，企业文化的类型和强度也都不同，因此才构成了企业文化的个性化特色。企业文化的树立，不仅是公司的一种宣传手段，最重要的是如何将其落实下去，让公司的每名员工都能深刻地体会到企业文化对公司发展的重要性。只有员工深刻地意识到自己的行为是符合企业文化要求的，处处以企业文化严格要求自己，企业文化才能真正地发挥作用。企业形成了优秀的企业文化，也就为企业打造了高素质的员工队伍，而这支用优秀企业文化武装的队伍是企业真正的核心竞争力。企业文化的功能是鼓舞士气、陶冶情操、塑造知识型员工、培育员工奉献精神，为增强基层的凝聚力和战斗力提供强大的精神动力。而要实现这些功能，就必须要不断增强企业文化的吸引力和感召力。

思考练习

1. 企业文化就是让每个"螺丝钉"都感到骄傲吗？

2. 企业文化等于口号吗？

3. 以部门为单位，结合所学内容与班级的实际情况，每个部门内部商讨适用于班级企业管理的企业文化，形成企业文化方案PPT，要求必须包含企业文化要素，然后由各部门经理进行展示。

二、"修炼"企业家精神

破冰活动

电冰箱原本是用来冷藏食物的，生活在北极的因纽特人似乎并不需要它，但是具有企业家精神的人在市场方面进行了创新，最终使因纽特人变成了使用冰箱的用户——他们用冰箱为食物解冻。请问，这位企业家的什么精神值得你学习？

小贴士

企业是人类社会经济活动的基本组织形式，在现代市场经济里扮演着微观主体的角色，是当今社会不可缺少的一部分。

企业家因企业而存在，企业家角色是企业人格化的象征，在企业组织的经营管理活动中处于最高地位。企业家精神可以是企业家特殊才能的集合，也可以是企业家组织建立和经营管理企业的综合才能的体现方式。总之，它是一种重要而特殊的无形生产要素、无形资产，可以维系一家公司运行几十年甚至几百年。

一个缺乏积极精神的企业家，即使他学富五车、才高八斗，也不一定能将其内在的潜能转变为能为社会创造价值的实际能力。相反，还有可能利用其"才能"对企业、对社会价值的创造产生负面影响，甚至是巨大的破坏作用。然而，一个具有执着、诚信、富有责任感等精神素养的人，即使他一开始力量弱小、天赋不强，也完全可以发挥自己的潜能，创造出巨大的社会价值。

（一）企业家概念

要说企业家精神，首先要明确企业家的概念。

企业家是具有先进理念、经营管理思想及战略头脑的人，是具有冒险精神与创新精神，能不断开拓新的经营领域的人，是具有经营管理才能，能适应各种市场变化，获得引人注目的经营业绩的企业高层管理者，是具有理性管理技巧和有效领导能力的人。企业家精神是一种基于责任心、事业心的不怕困难、永不满足、永不停息的奋斗精神和首创精神。

（二）企业家精神的内涵

企业家精神的内涵是企业家概念的抽象化，是企业家们身上具有的共性，是一种品质、一种思想方式或一种意识形态。企业家精神要紧扣时代脉搏，新时代企业家精神的内涵涵盖了开拓创新、诚信守约、敬业奉献等优秀精神特质。时代在发展，社会在进步，部分内涵相对稳定，始终适用，最为典型的便是冒险精神、创新精神、学习精神。企业家精神的内涵是现代企业家的灵魂，研究企业家精神的内涵的首要目的是更好地把握企业家精神的精髓，从而培养越来越多优秀的现代企业家，使其创造更大的社会价值。

（三）企业家精神的本质与类型

1. 企业家的创新精神

创新精神是企业家精神中最重要的一种精神，是企业家精神的一种本质特征，是企业家精神的核心。企业家的创新精神是指他们的意识、思维活动和心理状态通常保持非凡的活力，他们能够发现一般人无法发现的机会，能够运用一般人不能运用的资源，能够找到一般人想不出的办法。

2. 企业家的冒险精神

冒险精神是企业家精神的重要内涵，是企业家成功经营一家企业所必需的特质。企业的经营活动在瞬息万变的市场中进行，在这个过程中没有风险几乎是不可能的，企业家要敢于做第一个"吃螃蟹"的人。商品经济的动态性、开放性和经营活动的特殊性决定了企业家必须拥有冒险精神。但企业家的冒险精神并不是让其盲目冒险，而是要根据环境权衡各种要素，要思考如何通过努力采取各种措施降低风险，提高成功的概率。

3. 企业家的敬业精神

企业家的敬业精神是指企业家会把经营企业当作自己的长远事业，目标是"为客户创造价值，为员工创造机会，为社会创造效益"，最终通过事业的改进、发展和成功获得人生价值的自我实现。首先，企业家必须把企业生存发展的战略方针时刻放在心上，追求出类拔萃，并全身心地打造企业文化，最终形成企业前进的强大推动力。其次，企业家必须具有非凡的勇气和克服困难的精神。在当今激烈的市场竞争中，任何企业都会面临许多困难与问题。一位优秀的企业家应该临危不惧、处变不惊，用非凡的勇气和坚强的意志影响下属，通过调动公司全体人员的积极性，形成有组织化、集成化的力量，最终在困境中突围并取得成功。对企业家来说，心态往往决定成败。

4. 企业家的社会责任感

企业家的社会责任感是企业家精神中的一种境界。企业的社会责任首先体现在企业要遵守劳动法规，保障员工的利益不受侵害。其次，企业要关注环境保护，量力而行，奉献爱心，回报社会，积极参与一切与人有关的社会公益事业。我国一些有远见的民营企业家提出，企业业绩的增长不等于发展，企业不仅要获得经济效益，还必须在竞争中学会与社会协调发展；必须从企业内部、市场、社会3个方面调整企业的竞争观念，企业绝不是"丛林动物"。回报社会不应是义务，而是一种责任，因为财富来自社会。

🔍 小故事

"玻璃大王"曹德旺凭借闽商"爱拼才会赢"的闯劲，白手起家，创办的福耀集团一路成长为中国第一、全球规模最大的汽车玻璃供应商，改变了世界汽车玻璃行业的格局。他还建立了河仁慈善基金会，向社会捐赠多个公益慈善项目，覆盖助学、扶贫、救灾、公益传播与研究等领域，帮助了更多的人，促进了社会和谐。

5. 企业家的诚信精神

诚信是企业家的立身之本，市场经济是法制经济，更是信用经济、诚信经济。没有诚信的商业社会，将充满极大的道德风险，会显著抬高交易成本，造成社会资源的巨大浪费。诚信是第一原则，对企业家而言，不仅要遵循诚信做人做事的准则，更重要的是要带好一批人，将诚实守信作为团队发展壮大的基石。

说说看

企业家精神的内涵除了以上 5 种，你认为还有哪些？请以具体企业家来举例。

头脑风暴

张一鸣、雷军、董明珠、张瑞敏各自具有怎样的企业家精神？

请阅读以下材料，每组代表一个观点，每组的组员轮流陈述，陈述后进入自由发表观点阶段，最后每组派代表进行总结发言。辩论最后，由老师宣布获胜结果。

1. 张一鸣 字节跳动创始人

字节跳动是目前中国全球化较为成功的互联网公司，2021 年成为全球最大的独角兽公司。张一鸣一手缔造了这家互联网巨头，但从 2021 年开始，他决定淡出公司的日常经营管理，公司的日常管理将更多地依靠团队和制度、体系。

2. 雷军 小米科技创始人、董事长兼首席执行官

2021 年，小米的手机全球销量超越苹果公司，首次跻身全球第二位。对此，雷军在表示"站稳第二"为当前任务的同时，宣布正式对标苹果，并立下了未来三年时间拿下手机销量全球第一位的目标。在设立新目标的同时，小米将继续冲击高端市场，着力摆脱"中低端"标签。

雷军在 2021 年开启了其人生最后一次重大创业项目——造车。为了展示决心，他晒出了小米1080亿元的2020年年底现金余额，称"小米亏得起"。这次创业的结果，只有时间能够给出答案。2022 年，雷军依然走在创业的路上。

3. 董明珠 珠海格力电器股份有限公司董事长兼总裁

2022 年 1 月，格力电器公布了 2022 年至 2024 年的股东回报规划，宣称在未来三年里，每年累计现金分红总额不低于当年净利润的 50%。在新年致辞中，董明珠称，格力电器还将进一步加深在新能源领域内的布局。2016 年，董明珠大手笔入股银隆新能源，成为其最大的股东。2021 年 8 月，格力电器收购银隆，银隆更名为格力钛，重点切入新能源客车领域。

36 岁时，董明珠从江苏来到珠海并加入格力。在格力，她从销售员做起。53 岁出任格力电器股份有限公司总裁；58 岁被任命为格力集团董事长。

4. 张瑞敏　海尔集团创始人、董事局名誉主席

在张瑞敏的带领下，海尔连续12年被评为世界家电第一品牌，海尔智家在《财富》世界500强的排名连续三年攀升，目前在第405位。这家世界500强企业只不过是海尔集团旗下的一个组成部分。海尔旗下还包括海尔电器、卡奥斯、海尔生物医疗、盈康生命、日日顺、雷神科技、青岛有屋等众多上市或准上市企业。

张瑞敏说："我希望留下一种机制和一种精神。"张瑞敏虽然卸任，他的管理思路，尤其是他提出的"人单合一"模式，在海尔内部和企业管理界，依然具有不可替代的影响力。

小贴士

企业家在企业中的独特地位，影响了企业文化及企业的经营发展，决定了企业的核心竞争力。企业家精神是企业核心竞争力培育与提升的关键，不仅构成了企业内在的发展动力，更为企业创造了外部的发展机遇。

思考练习

1. 我与企业家精神的差距有哪些？

2. 结合自己的生活、学习和工作，谈谈如何做到诚信。

（1）各部门商议选择（二选一）：A. 部门内成员自命题演讲；B. 部门情景剧表演。

（2）选择A的部门，部门成员需要准备3分钟的演讲内容；选择B的部门需要准备好剧本给老师审核并且课前做好准备和排演。

拓展训练

对话企业"大咖"

以就业为导向，让学生提前接受企业文化熏陶，了解企业文化与校园文化的区别与联系，邀请企业家来校与学生"零距离"接触，让学生更深刻地认识到优秀企业家精神。

活动安排：

- 拟定邀请出席讲座的人员；
- 选定主持人；
- 确定邀请嘉宾名单（校企领导、相关老师等）；
- 制作宣传海报；
- 请广播站在学校内进行大力宣传。

项目总结

　　哈佛商学院通过对世界各国企业的长期分析得出结论："一个企业本身特定的管理文化，即企业文化，是当代社会影响企业本身业绩的深层原因。"IBM咨询公司对世界500强企业的调查结果表明，这些企业出类拔萃的关键是具有优秀的企业文化，它们令人瞩目的技术创新、体制创新和管理创新根植于其优秀而独特的企业文化。因此，企业文化是企业生存与发展的软实力。同样，企业家精神是企业非常重要的资源。正是企业家身上的进取、实干、创新、不断挑战突破自己的品质与行为，缔造了企业文化，促进了企业的发展。

　　少年强则国强，培养大学生的企业家精神，加强大学生的职业教育，可以帮助他们锻炼能力、提升素质，拓宽其未来发展之路。未来，只有真正具有企业家精神文化的企业，才能长久立足于社会，为社会做出贡献。

第三章

初涉大学准企业

项目简介

项目背景

　　张强、王小强、李木子成为班企制的一员后，收到职业素养老师的通知，明天企业领导的职位要进行公开竞选，因此想要竞聘的人员需要提前商量竞聘职位，并在老师规定的时间参与竞职演讲。听到这个消息后，大家既激动又兴奋，第一次参加班企竞聘，动力十足，但是由于演讲经验不足，他们三人又感到十分紧张：竞职演讲应该如何准备？怎样才能在竞聘中脱颖而出？

项目目标

① 了解口语表达能力的意义和作用。　② 掌握演讲技巧，尤其是竞职演讲的技巧。
③ 了解自我介绍的方式方法。　④ 掌握与领导有效沟通的方法。

知识图谱

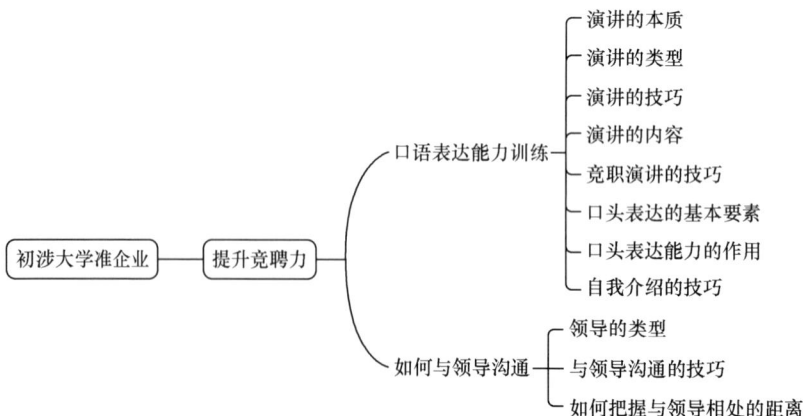

初涉大学准企业 — 提升竞聘力
- 口语表达能力训练
  - 演讲的本质
  - 演讲的类型
  - 演讲的技巧
  - 演讲的内容
  - 竞职演讲的技巧
  - 口头表达的基本要素
  - 口头表达能力的作用
  - 自我介绍的技巧
- 如何与领导沟通
  - 领导的类型
  - 与领导沟通的技巧
  - 如何把握与领导相处的距离

破冰活动

组建团队

1. 分队

职业导师根据班级人数进行分队。

2. 布置任务

（1）领导班子建设

队长：自由选举产生，负责带领团队完成任务。

队长秘书：辅助队长工作，负责跟踪队员思想工作，调动队员积极性。

（2）团队文化建设

队名：为自己的队伍起名，应不含攻击性，符合团队特质。

队歌：选取大家熟悉的歌曲，也可自编，要有激励性。

队训：8～16个字，积极向上，朗朗上口。

队形：所有队员参与，摆一个造型，可动可静。

队旗：设计本团队的Logo。

3. 团队展示（5分钟）

所有队员自我介绍；队长介绍队名并解释含义；队长领导团队摆队形、展队旗、喊队训、唱队歌。

小组讨论

1. 自我介绍的技巧有哪些？

2. 团队介绍的要点有哪些？

· 任务 · 提升竞聘力

一、口语表达能力训练

课前测试

1. 演讲技能自我评估

评价标准如下：

非常不同意／非常不符合（1分）；

不同意／不符合（2分）；

比较不同意／比较不符合（3分）；

比较同意／比较符合（4分）；

同意／符合（5分）。

2. 测试问题

我在整个演讲过程中，保持与听众眼神接触；

我的身体姿态很自然，没有因为紧张而做作；

我能运用基本的手势强调我讲话的重点；

我能运用停顿、重复和总结来强调我的观点；

我每次演讲前都会确定具体的目标；

我会分析听众的需求、态度和立场；

在组织思路时，我会先写下几个主要的论点；

我会特意准备一个具有吸引力的开场白；

我演讲的结尾会呼应开头，且必要时能邀请听众进行互动；

我制作的PPT简明扼要，有助于呈现演讲内容；

我的论点与论据之间有内在的逻辑联系，有助于听众支持我的观点；

我会把紧张、焦虑转换为热情和动力；

我会清楚地叙述我的观点，并引起听众共鸣；

我会热切、强烈地讲述我的观点；

我会事先演练，避免过分依赖演讲稿，从而能够集中注意力观察听众的反应；

我的演讲稿只写关键词，以免照本宣科；

我会预测听众可能会提出的问题，并且准备相应的回答；

我的声音清楚，语速适中，富有感染力；

我会有意识地运用语音、声调和语速表示强调；

演讲前，我会检查场地及相关演讲设施；

准备演讲时，我会预估可能遇到的反对意见；

在整个演讲过程中，我会充满自信；

演讲前，我会检查我的穿着打扮是否得体。

3. 测评标准

105～115分，具有优秀演讲者的素质；

98～104分，略高于平均水平，但有些地方还需要提高；

98分以下，需要严格地训练演讲技能。

选择得分最低的6项作为演讲技能学习提高的重点。

以上测试对你有哪些启发？

你的优势是什么？劣势是什么？怎样提升演讲技能？

（一）演讲的本质

演讲是以宣传鼓动为目的的、带艺术性的、严肃的社会实践活动，它要求演讲者面对听众，以有声语言为主要表达形式，以态势语言为辅助表达形式，系统、鲜明地阐述自己的观点和主张，以感召听众，使其产生共鸣。

（二）演讲的类型

演讲一般从功能、表达形式、内容这3个角度进行分类。

1. 从功能上划分

（1）"使人知"演讲

这是一种以传达信息、阐明事理为主要功能的演讲。它的目的在于使听众知道、明白某个知识或观点。例如，朱光潜的演讲《谈作文》，讲了作文前的准备、文章体裁、构思、选材等，使听众了解作文的基本知识。它的特点是知识性强，语言准确。

（2）"使人信"演讲

这种演讲的主要目的是使人信赖，它从"使人知"演讲发展而来。例如，恽代英的演讲《怎样才是好人》，不仅告知人们哪些人不是好人，还提出了3条衡量好人的标准，通过一系列的道理论述，改变了人们以往的观念。这种演讲需要有鲜明的主题和较强的针对性；中心突出，一事一议；注重摆事实、讲道理，而且论点坚定，内容真实；有着严谨的逻辑结构。

（3）"使人激"演讲

这种演讲意在使听众激动起来，在思想感情上与演讲者产生共鸣，从而达到慷慨激昂的效果。例如，马丁·路德·金的演讲《我有一个梦想》，用他的几个梦想激发广大听众的自尊感、自强感，激励他们奋斗。

（4）"使人动"演讲

这比"使人激"演讲更进一步，"使人动"演讲可使听众产生一种与演讲者一起行动的想法。例如，法国前总统戴高乐曾在英国发表的演讲《告法国人民书》，号召法国人民行动起来，投身反战行列。这种演讲的特点是鼓动性强，多以号召、呼吁式的语言结尾。

（5）"使人乐"演讲

这是一种以活跃气氛、调节情绪、使人快乐为主要目的的演讲，多以幽默、笑话或调侃为材料，一般出现在喜庆的场合。它的特点是语言诙谐幽默。

2. 从表达形式上划分

（1）命题演讲

命题演讲是由他人拟定题目或演讲范围，并经过准备后进行的演讲。命题演讲的特点是主题鲜明、针对性强、结构完整。

（2）即兴演讲

即兴演讲是指演讲者在事先无准备的情况下就眼前的情境、事物、人物临时起兴发表的演讲。即兴演讲的特点是有感而发、篇幅短小。它要求演讲者紧扣主题、抓住由头、迅速组合、言简意赅，例如，婚礼祝词、欢迎致辞、丧事悼念、聚会演讲等。

（3）论辩演讲

论辩演讲是由两方或两方以上的演讲者因对某个问题产生不同意见而展开的面对面的语言交锋。论辩演讲的特点是针锋相对，逻辑性和应变性较强。它比前两种演讲的难度要大，例如，法庭论辩、外交论辩、赛场论辩，以及每个人都可能经历过的生活论辩等。论辩演讲要求演讲者必须具备正确的思想、高尚的品质、严密的逻辑、较强的应变能力。

3. 从内容上划分

（1）政治演讲

政治演讲是指与政治内容和政治活动相关的演讲，代表着一定的政治立场和团体利益。它的基本特点是具有思想性、政策性和策略性。政治演讲较之其他演讲更具有宣传的意义，它以鲜明而坚定的立场、充实且雄辩的论点来征服听众，促使听众接受自己宣传的观点和主张，并付诸行动。政治演讲包括竞选演讲、政治报告和述职演讲。竞选演讲是指在一定的组织形式中凭口才自荐，竞争某项职务或某项工作的一种演讲，一般要事先拟定演讲提纲或演讲稿，做好充分准备，按指定顺序或抽签决定的顺序依次进行演讲，或参加辩论。

（2）社会生活演讲

社会生活演讲是指演讲者就社会生活中存在的各种社会问题、社会风俗、社会现象而发表的演讲，它表达了演讲者对这些问题的看法、见解和观点。这种演讲的特点是题材广泛、形式多样、时代感强。

（3）科学学术演讲

科学学术演讲是指演讲者表述学术观点、报告科学研究成果的演讲，主要表现为把专业的、系统的学术发现表达出来。科学学术演讲的应用范围比较广泛，包括学术会议上的发言、学位论文的答辩、高等学校中的学术讲座、各种治学或创作的经验报告等。它必须具有内容的科学性、论证的严密性和语言的准确性三大要素，这是它与其他类型演讲的区别。

（4）法律法庭演讲

法律法庭演讲是指以法律为内容的各种形式的演讲，包括法庭演讲、法律咨询和仲裁活动，以及其他有关普及法律知识的报告讲座等。法律法庭演讲在对公民进行法律、道德及思想教育等方面有着重大作用。无论是哪一方演讲者，都必须对法律有深刻、准确的理解，做到实事求是，公正坦诚，尊重法律，尊重个人，而且需要广泛地运用逻辑推理、论据和论证。

（三）演讲的技巧

一场有魅力的演讲体现在内容、声音和视觉 3 个方面。

心理学的研究表明，在一场演讲中，视觉、声音和内容给听众留下的印象是从多到少排列的，而且内容只占据 7%。因此，一场演讲能够做到视觉、声音和内容一致很重要。成功的演讲中，听众首先注意的是眼神、表情和肢体动作，即演讲者和听众的眼神交流、情绪表情的使用、肢体动作的暗示作用，在演讲中尤为重要，以及通过声音的不同转换，表达符合演讲内容的情感，充分调动听众的感官，内容反而显得次要。华丽的辞藻未必能引起听众共鸣，生动的演绎却能使听众身临其境。

1. 内容

有心理学家做过测试：我们在听别人说话的过程中，内容能够精确留在记忆中的时间大概不超过 7 ～ 8 秒。因此，简洁和生动的演讲内容特别重要。

① 简洁：易懂，无歧义。

② 生动：幽默，擅于使用比喻和排比。理性的文字如同烹饪中的主菜，是文章的主要组成部分，但是想让这道菜更加美味，还需要一些类似于比喻、排比的感性文字相互配合，它们就如同烹饪中的调料。另外，运用一些小故事和名人名言也是不错的选择。但说得太多，可能会讲不到重点，在商务场合上并不合适，会让人觉得你思维混乱；如果满口专业表达，也会让人觉得太枯燥。

2. 声音

声音是一种利器，是在演讲中可以被有效使用的工具。它有以下变化方式：可以随时调整音量，保证听众听得见；语速可以随时变化；做到吐字清晰、没有口头禅；抑扬顿挫。例如，你作为领导者，说话时总出现"嗯""啊"这样的停顿词，就会让人觉得你缺乏自信；如果你始终用一个语调说话，会给人留下刻板、冷漠的印象；如果语调太高，会给人留下不稳重的印象。

3. 视觉

视觉在一场优秀的演讲中的重要性超过了 33%，值得细细推敲。视觉部分，简而言之就是肢体语言，由以下 5 点组成。

（1）手

演讲的手势是多种多样的，但也有一定的规律可循。在西方国家，开放式手势是受欢迎的，代表你对自己说话的内容有足够的自信。尖塔式手势是指双手手指的指端一对一结合，但手掌没有接触，从形状上来看，就像金字塔的塔尖一样，是一个能够体现自信的手势。

无论是哪种手势，都要做到有感而发，由内在的情感、情绪、内容引发手势动作，正确、自然、优雅而不生硬，一定要从实际出发，使手势动作恰当而简明地说明问题，表达感情。例如，演讲者在演讲中说道："我们一定要坚持下去！"配合演讲内容举起右手，握紧拳头，由右上方向左下方挥下去，并在"去"字用力停顿，显得有力而果断，给听众一定的信心和力量。"大的""小的""高的""矮的""方的""一个""两个"等，都可以顺势用手指、手掌、手臂比画形状进行形象说明。手势动作还应精练，那种自始至终手舞足蹈的做法会分散听众的注意力，也容易引起听众的反感，表达效果不一定好。

（2）眼

一双炯炯有神的眼睛会给别人留下好的印象。说话的嘴巴能够表达我们的观点，而眼睛则是心灵的窗户。因此，在语言交流的过程中，眼神的运用是非常重要的。演讲者在开始演讲的时候，不要急着讲话，可以面带微笑环视一周，这样可以使听众产生亲近感。在演讲过程中可以具体凝视某位听众，一般 3～5 秒为宜。演讲者可在室内随意地转移自己的注视目标，在听众人数比较多的场合，要与听众席不同区域的人员进行目光交流；在回答问题时，把目光上移注视全体听众；保持与目标听众的接触，直至讲述完一段完整的内容。

（3）身

演讲者站在演讲台上，最忌讳的是弯腰驼背，这样会给听众留下萎靡不振、缺乏自信的印象。正确的身体姿态是：开讲前两脚站稳，将重心落于双脚之间；紧收下巴、胸部前挺，同时让自己的腰杆挺得笔直，但是不要僵硬。你可以想象有一根无形的绳子正在头顶拉着你，时刻告诫自己要抬头挺胸，保持精气神。

（4）步

如果演讲者一点都不移动，听众会感到厌倦，而移动过多又会影响听众的注意力。有效的移动会对你的演讲起到画龙点睛的作用，例如走到听众中间。

（5）衣

只要衣服干净、大方、整洁、简单，就能达到演讲者的着装标准。演讲者在发表演讲时必须穿正装。最常见的正装类型是男士西服、女士西服套裙，与之搭配的衬衫、鞋子、袜子等颜色不能太过鲜艳，不要佩戴过于夸张的首饰或领带。女士不要穿凉鞋或露脚趾的鞋子，如果穿高跟鞋，鞋跟高度在 3～4 厘米是最合适的。总而言之，演讲者的服饰是为演讲服务的，不能喧宾夺主。

（四）演讲的内容

听众想从演讲者口中获取的是价值，而价值不等于"干货""权威"，真正的价值是听众发自内心的期待、认真的倾听，以及产生真诚的共鸣。

1. 说让人易懂的"人话"

在日常生活中，我们说话一般以短句为主，简单易懂。所以，如果想在演讲中显得更自然，就应该注意语言的通俗化，尽量使用通俗易懂的语言，让人易于接受和理解。例如，一些脍炙人口的广告词："Nothing is impossible"（一切皆可能），"Just do it"（只管去做），"Good to the last drop"（香浓到最后一滴）。不难发现，经典的广告词都简短易懂，因为这样利于传播。演讲也是同样的道理，如果你想让听众记住并广泛传播你说的话，那么首先要说浅显易懂的话。就像烹饪一样，好的演讲是最终呈现的菜肴，而内容就是原材料。然而，巧妇难为无米之炊，如果原材料不好，无论如何也做不出美味佳肴。

2. 演讲要有"料"

如果演讲者能在演讲中加入有趣的素材，使演讲内容既有语言上的幽默感，又有现实中的针对性，则可以快速活跃现场气氛，拉近演讲者与听众之间的距离。如果演讲者缺乏天生的幽默感，或者性格使然，那么要想一张口就有趣是不容易的，这需要长时间的琢磨与训练。演讲者可以从简单的修辞法入手，学习一些能够让人记忆深刻的素材。不过，在演讲中运用有趣的素材，必须以演讲主题的需要为依据，绝不可乱用，绝不能引用低俗的素材。否则，不仅会损害演讲的内容，而且会引发听众的反感，这样就得不偿失了。

3. 说出你的故事

讲自己的故事，不仅能让听众了解真实的你，还能增强演讲的趣味性。讲故事切忌随意而为，故事内容必须与你演讲的核心观点相关，并且能起到润滑剂的作用，让一些原本生涩枯燥的内容变得更加丰富有趣。

例如，在产品发布会上，你的核心观点是"我们的产品很先进"，如果你逐条列举产品的性能，难免会枯燥无味。这时你需要讲产品设计、研发、生产过程中的故事，也许你会下意识地认为没有什么内容可讲，这很正常，因为这个过程对你而言，一切都很寻常。但是，听众对产品背后的故事充满了好奇，你可以试着站在听众的角度来挖掘故事内容。

我们在写论文的时候，一般先确定主题，然后列举论点，最后寻找论据。我们可以用写论文的方式挖掘故事，首先确定主题——产品很先进；然后逐条列举论点，例如精益求精的研发、卓越的团队、非凡的用户体验；最后寻找论据，找出符合论点的故事，例如一波三折的研发过程、志同道合的队友、初次使用产品的感受等。用这样的步骤挖掘故事，能够让原本枯燥无味的演讲生动形象，引人入胜。

平庸的销售员之所以卖不出产品，是因为他们不会讲故事。其实很多杰出的企业家也不太会讲故事，但对企业家而言，讲好故事并不意味着可以直接变现，但从长远的角度分析，讲好故事也是一种市场营销的方式。

4. 用细节讲故事

两种人不太擅长讲故事。第一种是不太擅长描述的人。当对方向你描述一件事时，尽管对方觉得这件事很有趣，但你丝毫不感兴趣，这是因为他没有描绘足够的细节，你的大脑中没有画面，很难对他所说的内容产生共鸣。例如，"昨天我在街上遇见了一个叫马丁的外国人"，这句话没有任何画面感，但是如果这样说："上个月在东京的青山，我遇见了一个叫马丁的外国人，他大概 50 岁，个子很高，穿着一件英式传统衬衫，他走过来问我……"这样的描述则能够让人产生画面感，有助于激发听众的想象力。

第二种是不擅长讲故事的人。他们总是喜欢刻意而生硬地加入自己的故事，即使故事和内容没有关联，也要强行联系在一起。故事一定要和演讲内容有关，一定要能帮助你传达核心思想，如果没有关联，就应该舍去。其实，故事不一定是自己的亲身经历，别人的故事或者你看过的书也可以成为素材。素材可以是一些小故事，但这个故事一定要有比较深刻的意义，例如，可成为一个人的人生转机。

最后，强调一下讲故事的情绪。如果你在讲述一个悲伤的故事时，却没有流露出伤感或沉重的情绪，就会适得其反。所以，尽可能地讲一些能触动自己的故事，这样会让你显得更自然，你的演讲也会抑扬顿挫。

🔍 小故事

演讲需要"断舍离"

日本作家山下英子在自己的著作《断舍离》中提出了"断舍离"的概念：断绝不要的东西，舍弃不必要的牵绊，离开"多就是好"的执念，只留下自己真正需要的；通过为生活做减法，为内心腾出空间，获得轻松自在。山下英子将这个过程描述为"行动带来心灵的变化"。

"断舍离"的概念同样适用于演讲。

很多企业的演讲者经常拿着冗长的演讲稿上台，恨不得在发布会上呈现所有的信息，从公司的创办历史谈到新产品的技术细节，结果台下的听众昏昏欲睡。办一场发布会不容易，演讲者一定要清楚想要达到的目的。因为人的记忆力有限，讲太多让人不感兴趣的内容，只能适得其反。

演讲时，演讲者需要有足以证明论点的论据，但又不能事无巨细，必须要有全局观。用"断舍离"的方式就可以实现："断"是指删掉所有和主题以及目标群体无关的内容；"舍"是指舍去繁杂详尽的调研结果、数据分析，将这部分内容放在资料中发给参会者；"离"是指 PPT 及演讲稿的内容必须简洁明了，远离庞大的资料信息，减少演讲者对资料的依赖。当然，在演讲的时候，你可以用一些小技巧提醒自己，例如把演讲稿打印出来放在讲桌上，但是 PPT 的内容必须简洁明了。

近年来，越来越多的企业会把领导者的现场演讲剪辑成易于传播的短视频。但是，如果演讲太冗长，就很难提炼出有感染力的片段，最终会影响传播效果。

除了演讲稿需要契合主题，PPT 的呈现也需要"断舍离"。无论是平时的工作，还是公众演讲，听众都希望一眼就能看懂 PPT 的内容，而不希望像阅读文件一样费神。在演讲的时候更是如此，听众绝不愿意花时间到现场来读文件，即使愿意阅读，注意力也会被 PPT 带走，最终失去对演讲者演讲内容的兴趣。其实演讲者应该巧用 PPT，让 PPT 上的文案帮助你吸引听众的注意。另外，演讲者可以在文字上多琢磨，最好能引起听众的好奇，让他们期待你接下来要讲的内容。乔布斯的 PPT 一般是极简主义风格，黑色的底，只呈现关键字。这种风格被很多演讲者模仿，成为一种风尚。善于演讲的孙正义，他的 PPT 风格十分简洁，通常只涵盖 3 个部分：一张 PPT、一条信息、一张图片。可能很多人的每张幻灯片都会有标题，但孙正义的演讲中通常没有标题，或者把标题整合进了信息里。

孙正义曾说："要用右脑制作 PPT。"因为人的左脑掌控逻辑，右脑掌控感情。孙正义认为对听众来说，演讲内容有趣比逻辑更重要。另外，右脑还负责图片信息的处理，所以孙正义的 PPT 每页都会有插图。

无论是乔布斯，还是孙正义，他们都花费了大量的时间把复杂的信息简单化，以达到听众能听懂并付诸行动的目的。

（五）竞职演讲的技巧

对于竞职演讲，可以从以下 7 个方面重点把握。

1. 目标的明确性

目标的明确性是竞职演讲区别于其他演讲的主要特征。竞职演讲者一上台就要鲜明地展示自己要竞职的目标，所选用的一切材料和运用的一切方法都是为了一个目标——使自己竞职成功。

一般来说，在竞职演讲时，竞职演讲者向评审人员及听众首先要讲清自己的应聘条件，突出自己的优势，并且这种优势足以完成应承担的职务和工作；其次，要回答"若在其位，如何谋其政"，要在有限的答辩时间内完成上述工作，演讲的总体内容应始终围绕一个目标——目标明确，语不离宗，不可开口千言，而离题万里。

2. 内容的竞争性

一般演讲忌讳毫不客气地为自己"评功摆好"，但竞职演讲不同，它的全过程都是听众在候选人之间进行比较、筛选的过程，竞职演讲者如果谦虚、不表现自己的长处，表示自己也是"一般般"，这样就不能战胜对手。因此，竞职演讲者必须"八仙过海，各显其能"，也就是竞职演讲者无论是讲述自身所具备的条件，还是讲述自己施政纲要时，都要尽量展现"人无我有，人有我强，人强我新"的胜人一筹的"优势"，巧妙地说明"他不行，我行"或者"他行，我更行"。当然，自我推销要有艺术性，切忌为了竞争贬低对手，遵循的原则是"唯真唯实，具体可信"。

有时，竞职演讲者甚至还要把本来对自身来说是"劣势"的内容换一个角度描述成"优势"。

3. 主题的集中性

主题集中是指表达的意思单一、不枝不蔓、重点突出。这就是说，竞职演讲者必须突出一个重点、围绕一个中心，而不要多重点、多中心，不要企图在一篇演讲稿中说明和解决很多问题。

4. 材料的实用性

实用性是指所选材料既要符合实际，又对自己"有利"，也就是无论讲自己具备的条件还是谈任职后的"构想"，都要从"自我"出发，从实际情况出发。

竞职演讲是"竞争"，并非在比赛谁更能"吹"。听众边听你的演讲，边"掂量"你的"话"是否能在现实中发挥作用并取得成效。例如，在讲措施时，那种凭空喊"我上台后，如何给大家涨工资，如何给大家建楼房"的竞职演讲者，一般是无法得到听众认可的，发自肺腑讲实际措施的竞职演讲者才是最受听众欢迎的。

5. 思路的程序性

竞职演讲者的思维脉络不像一般演讲那么"自由"，它除了题目和称呼，一般分为5步。

① 开门见山地讲述竞职的职务和竞职的缘由。

② 简洁地介绍自己的情况，包括年龄、政治面貌、学历、现任职务等。

③ 讲述优于他人的竞职条件，例如，政治素质、业务水平、工作能力等。既要有概括的论述，又要有"降人"的论据。例如，讲自己的业务能力时，可列举一些获得的成果和业绩来佐证。

④ 阐述假设自己任职后的施政目标和施政措施。这一步是重点，应讲得具体翔实、切实可行，能量化的尽量量化，以便评委进行比较、评估。

⑤ 简洁地表明自己的决心和请求。

当然，以上几步也只是简单的模式，竞职演讲者还可以根据实际需要进行调整，而非生搬硬套地去执行。

6. 措施的条理性

竞职演讲者在讲措施时一定要注意条理清楚、主次分明。不要讲到哪儿算哪儿，让听众思维一团乱麻。为了把措施讲得有条理，竞职演讲者可以用列条的方法，例如使用"第一点""第二点"或"其一""其二"等表示。

此外，每"步"之间要用"过渡语"承上启下。例如，自我介绍之后，可以说"我之所以敢于参加竞职，是因为我具备以下条件"，以引出下文；讲完条件后，可以再搭一个"桥"；"以上是我应聘的条件，那么假如我真的竞聘成功，会采取什么措施呢？下面就谈谈我的初步计划。"这样不仅条理清楚，而且使演讲内容融会贯通、浑然一体。

7. 语言的准确性

准确，一般是指要恰如其分地表情达意。竞职演讲中的"准确"还有另外两层意思。一是所谈事实和所用材料、数字都要"求真求实"、准确无误，例如，介绍经历时，是大专毕业生，就不能说是大学毕业；在谈业绩时，三次获奖，就不能虚说"曾多次获奖"（最好把在什么时间、什么范围、什么奖项说得清楚明白），涉及的数字也要尽量具体。二是要注意分寸，因为竞职演讲的角度基本上是以"我"为核心，若掌握不好分寸、夸大其词，就会让人反感。

（六）口头表达的基本要素

现代理论家认为德、识、才、学是演讲家必备的四要素。德、识、才、学四要素奠定了口才的基础，要想具有一流的口才，必须"浇筑"好德、识、才、学这四大基石。

四者之间，学是基础，德是灵魂，识是方向，才是核心。语言取决于学问和知识，学可以丰才、可以增识、可以益德。

1. 德是演讲的灵魂

"德"是一个人的灵魂。不仅在口才表达上，在其他领域，"德"的灵魂作用也是排在第一位的，其内涵主要包括政治素质、事业心和责任感、务实作风和心理素质。口才受到"德"这3个层次内涵的制约，尤其受政治素质的影响最大，它决定了一个人的言论立场，体现着明显的政治倾向，是评价一个演讲者口才优劣的关键。

2. 识是演讲的方向

演讲家的演讲要产生震撼人心的力量，最好具有一些预见性，即表现为演讲家的"识"，识分为政治领域的识和业务领域的识。优秀的演讲家的表达具有一定的前沿性，总能带给人精神上的撼动，并能促使人付诸行动。演讲是一门综合性艺术，影响表达效果的不仅仅是清晰、生动的口语，还有体态和神情动作。所以，演讲家需要讲人所未讲的内容，培养审美情趣从而提高鉴赏力，通过语言打造听觉艺术，通过视觉艺术感染人、打动人。

3. 才是演讲的核心

"才"是一个优秀演讲家的标志，并不是拥有语言表达才能的人，就可以称为演讲家。因为演讲是人的综合才能，除了语言表达才能，还要培养记忆才能、观察才能、思维才能、想象才能、创新才能、应变才能等。多种才能的有机结合将会孕育出一位出色的演讲家。

4.学是演讲的基础

常言道："工欲善其事，必先利其器。"要想会说话、说好话，必须充实大脑，掌握知识这一利器。知识积累可以丰富口语表达的内容，使口头表达更加准确、更加生动。演讲是综合运用一个人的综合能力，首先要有讲话的内容，即知识。很多渴望提高语言表达水平的人，不太懂得知识积累是口才学习入门的"敲门砖"，没有养成勤于积累的习惯，当然难进演讲之门。人的才能建立在知识的基础上，由知识转化而来。才能是知识的产物、是知识的结晶，知识是才能的元素和细胞。一个人才能的大小，取决于自身知识的多少、深浅和完善程度。古今中外的演讲家无不以渊博的知识而著称。

演讲的魅力深深扎根于知识的土壤中，演讲家必须拥有丰富的知识。只有拥有了丰富的知识，才能信手拈来、即兴发挥，使谈吐更高雅、论辩更精彩，达到出口成章、字字珠玑的效果。

测一测

测试你的语商

语商是指一个人学习、认识、掌握并运用语言能力的商数。具体地说，语商是指一个人在说话时的思辨能力、表达能力和应变能力。

一、测试题

1. 你觉得会说话对人一生的影响（　　　）。

A. 重要　　　　　　　　　B. 一般　　　　　　　　　C. 不重要

2. 你和很多人在一起交谈时，你会（　　　）。

A. 有时插上几句

B. 让别人说，自己只是旁听者

C. 善用言谈来增加别人对你的好感

3. 在公共场合，你表现得（　　　）。

A. 很善于言辞　　　　　B. 不善言辞　　　　　　C. 善于言谈

4. 当一个依赖性很强的朋友打电话与你聊天，而你没有时间时，你会（　　　）。

A. 问他是否有重要的事，如没有，回头再打给他

B. 告诉他你很忙，不能和他聊天

C. 不接电话

5. 因为一次语言失误，在同事间产生了不好的影响，你会（　　　）。

A. 如往常一样多说话

B. 以良好的言行尽力寻找机会挽回形象

C. 害怕说话

6. 有人告诉你 ×× 说过你的坏话，你会（　　　）。

A. 处处提防他　　　　B. 也说他坏话　　　　　　C. 主动与他交谈

7. 在朋友的生日宴会上，你结识了朋友的同学，当你再次看见他时，你会（　　　　）。

A. 匆匆打个招呼就过去了

B. 一张口就叫出他的名字，并热情地与之交谈

C. 聊了几句，并留下新的联系方式

8. 你说话被别人误解后，你会（　　　　）。

A. 多给予谅解　　　　B. 忽略这个问题　　　　　　C. 不再搭理人

二、计分标准

1. 选A，得2分；选B，得1分；选C，得0分。

2. 选A，得1分；选B，得0分；选C，得2分。

3. 选A，得2分；选B，得1分；选C，得0分。

4. 选A，得2分；选B，得1分；选C，得0分。

5. 选A，得0分；选B，得2分；选C，得1分。

6. 选A，得1分；选B，得0分；选C，得2分。

7. 选A，得0分；选B，得2分；选C，得1分。

8. 选A，得2分；选B，得1分；选C，得0分。

三、测试分析

得分为0～5分，表明你的语商较低，语言表达能力很欠缺。如果你的性格内向，这会阻碍你语言能力的提高，你应该尽量改变这种状况，跳出自己的小圈子，多与外界的人接触，寻找一些与别人交流的机会，努力培养自己的语言表达能力。

得分为6～11分，表明你的语商良好，语言表达能力一般。提高语言能力的法宝是主动出击，这样可以使你在交流中赢得主动权，你的语商能力自然会迈上一个新的台阶。

得分为12～16分，表明你的语商很高，你清楚怎样表达自己的情感和思想，能够很好地理解和支持别人，不论同事还是朋友，上级还是下级，你都能和他们保持良好的言谈关系。值得注意的是，千万不要炫耀自己的这种沟通和交流能力。尤其是对那种不善于与人沟通的人，更要十分注意，要用真诚打动别人，只有这样，你才能长久地维持你的好人缘，你的语商才能更高。

（七）口头表达能力的作用

1. 是现代人才必备的基本素质之一

我们不仅要有新的思想和见解，还要在别人面前很好地将其表达出来。不仅要用自己的行为对社会做贡献，还要用自己的语言感染和说服别人。

就职场而言，现代社会各行各业的人都需要口才。总之，语言能力是我们提高素质、开发潜力的重要途径，是我们驾驭人生、改善生活、追求事业成功的无价之宝，是通往

成功之路的必要途径。

🔍 小故事

在一次世界通信展览会的茶歇时间，一位来自杭州的终端设备商的市场人员进入会场后，发现一位来自深圳的人正在看书消磨时间。市场人员问了一声："你到了多久啦？"对方回答："刚到。"市场人员随即用粤语说："哦，我有一个同学在深圳，我也去过深圳，那里很漂亮。"然后他们谈起了深圳的商业氛围和风土人情，两人越谈越投机，没过多久二人就约定共进晚餐，再后来双方凭借各自的业务优势联合开展了很多业务，中标了好几个地市的运营商集采项目。该案例对我们有哪些启发？

2. 是生活中的润滑剂

谈天、沟通、排解纠纷、发布工作指令、协调人际关系、安慰人、批评人又不伤人、谈判、教学等是我们日常生活的内容，无一不关系到口语表达。

🔍 小故事

深圳某公司要引进国外某公司的一种先进通信设备，谈判桌上，对方漫天要价，谈判陷入僵局。为了缓和气氛，对方邀请深圳某公司代表团参观工厂，在参观后的座谈会上，深圳公司负责人说了这样一段话："中国是文明古国，我们的祖先早在千年前就将他们的四大发明无条件地贡献给了人类，而他们的子孙后代，从来没有认为他们不要专利权是一种愚蠢的行为，相反却赞颂祖先为世界科学进步做出了杰出的贡献。现在，中国在与各国的经济活动中，并不要求各国无条件出让专利，只要价格合理，我们一分钱也不会少给……"

这番话打动了与会者，引来了热烈的掌声，最终使生意以合理的价格成交。话说得真诚、得体，双方感觉都好，事情就取得了成功。

3. 是展现自我的理想渠道

在职场中，我们认为，人才未必有口才，但有口才的人一定是人才。在大庭广众之下，条理清楚、逻辑分明地表达自己的观点，能让人信服、动情，是展现自我的理想渠道。

4. 是一个人的一项重要资本

一个具有卓越口才的人，往往同时具有敏捷的思维、清晰的思路、渊博的知识、出众的智慧、机警的反应、高超的口语表达能力，特别是具有良好的心理素质。有句古话说得好："一人之辩，重于九鼎之宝；三寸之舌，强于百万之师。"

（八）自我介绍的技巧

1. 黄金三点论

（1）黄金三点论的含义

黄金三点论就是发表简单演讲或谈话时，在表达某个见解时，说三个要点。黄金三点论是一种操作简便的语言组织方法，可以使讲述人在说明情况或表明态度时，讲话思路更加清晰。

黄金三点论借助序数词区分讲话的内容，即在讲话中围绕自己要表达的中心思想，运用"第一、第二、第三"，或"首先、其次、再者"等序数词来表达。通过这种讲话方式，听众听起来感觉既条理清晰，又简洁明了。

（2）黄金三点论的作用

黄金三点论可以帮助讲述者迅速组织思维，边想边讲，边讲边想，避免思维混乱。

（3）黄金三点论的步骤

黄金三点论的步骤如图 3-1 所示。

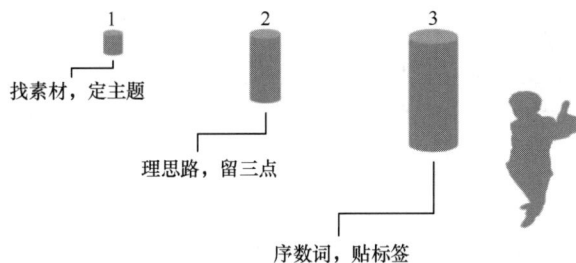

1 找素材，定主题
2 理思路，留三点
3 序数词，贴标签

图 3-1　黄金三点论的步骤

2. 金字塔原理

（1）金字塔原理的介绍

金字塔原理是指一种能清晰地展现思路的有效方法，如图 3-2 所示。现在，金字塔原理已经成为麦肯锡公司的标准，并被麦肯锡视为其公司理念和规范的重要组成部分。

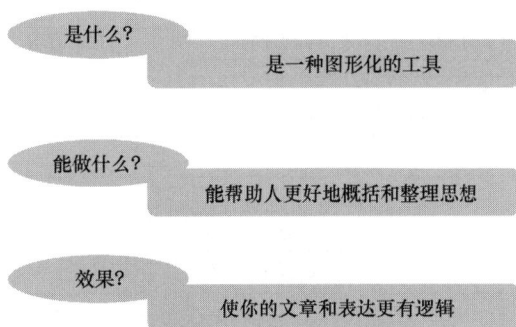

是什么？　是一种图形化的工具

能做什么？　能帮助人更好地概括和整理思想

效果？　使你的文章和表达更有逻辑

图 3-2　金字塔原理

🔍 **小故事**

因西非业务需要，某通信设备商领导突然让小王和小李去西非出差3个月，每人只能带一个行李箱，飞机很快就起飞了，他们只有很短的时间回家准备行李，那么他们应该带什么呢？在回家的出租车上，小王开始了慌乱的思考："非洲蚊虫很多，应该带上电蚊香……语言也不通，最好带翻译笔……还要带上笔记本计算机，笔记本计算机上有翻译软件那我就不用带翻译笔了……对了，一定要带上充电器……还有毛巾、牙刷……也许这些不需要，到了再买吧，应该带足够的现金，还有信用卡……"最终在打车去机场的路上，小王突然发现自己不仅忘了带几样最重要的东西，而且还带了几样不太需要的东西。

金字塔原理案例如图 3-3 所示。

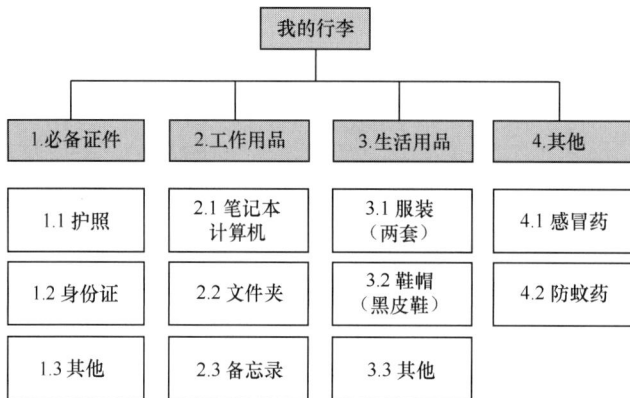

图 3-3 金字塔原理案例

（2）运用金字塔原理进行自我介绍

运用金字塔原理进行自我介绍如图 3-4 所示。

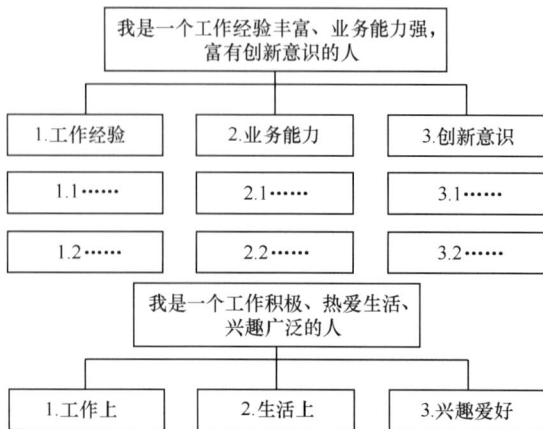

图 3-4 运用金字塔原理自我介绍

小故事

30 秒电梯理论

　　30 秒电梯理论源自麦肯锡公司一次沉痛的教训。麦肯锡公司曾经为一个重要的大客户做咨询。咨询结束时，麦肯锡的项目负责人在电梯间遇见了对方的董事长，董事长问麦肯锡的项目负责人：“你能不能说一下现在的结果呢？”由于该项目负责人没有准备，而且即使有准备，也无法在电梯 30 层到 1 层的短暂时间内把结果说清楚。最终，麦肯锡失去了这一个重要客户。

　　从此，麦肯锡要求公司员工凡事要在最短的时间内把结果表达清楚，凡事要直奔主题、结果。麦肯锡认为，一般情况下人们最多记住一、二、三点，记不住四、五、六点，所以凡事要归纳在 3 条以内。这就是如今在商界流传甚广的“30 秒电梯理论”或“电梯演讲”。

二、如何与领导沟通

（一）领导的类型

领导的 4 种类型如图 3-5 所示。

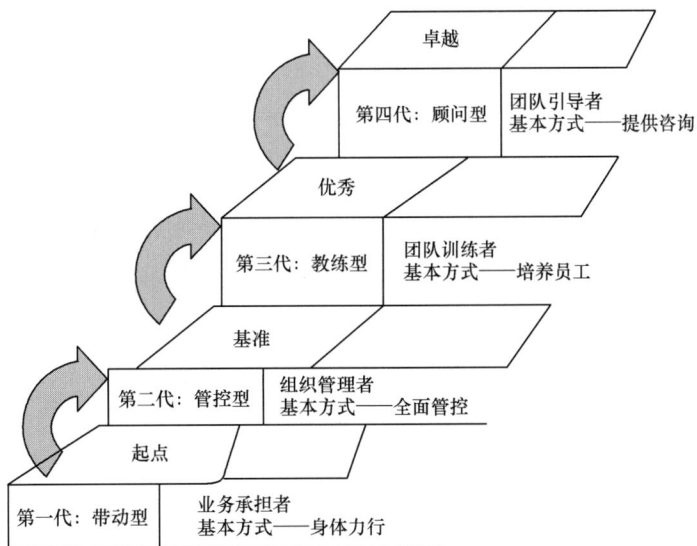

图 3-5　领导的 4 种类型

1. 带动型领导

　　带动型领导身上的闪光点可以总结为一句话：喊破嗓子不如做出样子。具备这种素质的领导是业务承担者，主张身体力行，可以认为是队员。

2.管控型领导

管控型领导是组织管理者。

3.教练型领导

教练型领导不仅抓管理，还培养团队。教练型领导对员工的成长充满耐心，允许员工试错，会长期培养员工的能力，所以对于团队培养很有帮助。

4.顾问型领导

顾问型领导已经站到团队外，为组织提供咨询。顾问型领导不拘泥于自己的工作，常务性工作都让下属去做。顾问型领导不仅培养人，还能在关键时刻提出决策性指导。

不管是哪种类型的领导，当其领导力达到顶点时，员工会感受到他的关爱。同时，领导又是一门艺术，成熟的领导会把不同的方法组合起来，互相配合。

（二）与领导沟通的技巧

1.领导比你能力强，所以你不要期望能说服他

无论如何，员工要先肯定领导的观点，再表达意见，只有把第一步理顺了，下一步的沟通才能继续。领导和员工看问题的角度是不一样的，领导更多的是在沟通"方向正确"的事情（应不应该），而员工更多的是在沟通具体层面的事情（能不能、有无必要）。

🔍 案例讨论

案例一

小王是售后技术支持人员，在一次开局现场，凌晨4点出现了严重的设备故障，小王一边抢修，一边想等早上上班后第一时间通知他的领导，以免影响领导休息，但这次事故一直到上班都没有得到圆满解决，正当他要给领导打电话时，领导的电话打了过来，因为领导已经从别的渠道得知了这个消息。领导非常生气，不仅严厉地责备了小王，而且决定要实施绩效惩罚，小王当然也很委屈。

领导：小王，这么严重的问题你为什么没有及时向我汇报？

小王：领导，我一直在抢修呢，没时间。

领导：……（好好教育一番）。

小王：……（又为自己辩解一番）。

这样的沟通是不会有结果的，因为小王始终都在说"自己在努力抢修"，而领导一直在说"问题没解决且未及时汇报"，他们的沟通不在一个"频道"上。正确的沟通方式是先承认自己没有及时汇报，说明自己的工作态度是不对的，然后再说明自己的难处，这样才会显得你不是在找各种借口。

推荐沟通方式

领导：小王，这么严重的问题你为什么没有及时向我汇报？

小王：领导，实在抱歉，事发突然，怕打扰您休息所以没有及时汇报，我想尽快解决后天亮跟您电话汇报，这确实是我的疏忽，下次再遇到这种情况我会微信给您留言报备。我会尽快解决故障。

领导：下次不要再这样了。

半夜打电话确实不方便，但是小王完全可以微信或短信留言报备，让领导知情，做到事事先汇报。事情已经发生就先不要解释，否则在领导眼里都是徒劳的辩解，应该先解决问题后解释。

2. 领导说话少，所以你要仔细琢磨其中含义

领导一般言简意赅，通常用几句话告诉你任务。越是被领导喜欢的员工，越是能通过领导的话第一时间了解领导的要求。

一方面，下属不能一味抱怨自己听不懂领导的意思，必须以更加积极的态度融入公司的文化氛围，多与领导、同事交流，尝试换位思考，了解对方的苦衷，这样才能使自己快速进入角色，在工作和人际交往中游刃有余。

另一方面，如果领导的话实在很模糊，就要去问清楚，哪怕被训斥了，也比弄不懂领导的要求而做错事要好。

🔍 案例讨论

案例二

领导：第三季度能不能出货10万台设备到英国？

下属：不行，目前我们最大的产能只能做到8万台。

领导：有没有其他办法？

下属：可以选择空运。

推荐沟通方式

领导：第三季度能不能出货10万台设备到英国？

下属：目前我们最大的产能只能做到8万台，按照这种情况是无法出货10万台设备到英国的。如果能够接受额外的成本，我有两个方案：一是产品外包给其他

> 的厂家生产，成本是×××元；二是一部分产品选择空运，成本是×××元。
>
> 领导：那选择部分产品外包吧。

案例二中，下属的回答只是理解字面上的意思，没有考虑领导是否还有隐含的意思（如"不管用什么方法"）。优秀的下属会考虑领导说话可能包含的意思。

3. 领导很忙，所以凡事要站在为领导节省时间的角度去考虑

领导很忙，没时间像下属一样做一些日常工作中具体实务性的工作，所以你要想办法尽量给领导提供方便，减少领导在琐事上花费的时间。

🔍 案例讨论

> ### 案例三
>
> 领导：你拍个手机代工厂的生产线视频，发给我。
>
> 下属：好的（马上去拍视频了）。
>
>
> ### 推荐沟通方式
>
> 领导：你拍个手机代工厂的生产线视频，发给我。
>
> 下属：这个视频的用途是什么？什么时候要？
>
> 领导：我要看看手机代工厂生产1件产品的时间，今天下班之前一定要。
>
> 下属：好的。我会在视频拍好后，自己先看一遍，把生产时间算出来，然后把命名为"手机代工厂生产线"的视频文件通过邮件发给您。另外，我会用微信把以上内容再发一遍给您，方便您随时随地查看。

4. 领导"缺乏安全感"，所以领导交代的事要主动汇报进度，避免运用模糊的词语

这里的"缺乏安全感"是指领导对事情失去掌控力而感到恐慌。每个领导都想随时掌握自己交代下去的事情进度如何。因此，只要是领导交代的事情，一定是最高优先级，下属要马上去做、主动汇报。

作为下属，哪怕领导没有过问，你也应该主动向领导汇报事情的进展，大部分人会在事情做完后告诉领导结果，其实应该每天（或定期）主动向领导汇报事情完成了多少，工作的结果怎么样，工作过程中有没有问题。

另外，下属说话时，一定不要用模糊的词，例如"应该""大概""或许"等，这些词表达的程度只有你自己知道，应该要用"至少""至多""80% 的把握"这种确切的词。如果真的有把握，可以用"绝对可以"，领导欣赏说话很果断的员工。

案例讨论

案例四

领导：我们能够满足客户的要求吗？

下属：客户的要求有点麻烦，现在我们还在想办法，有些困难，要花很大精力。

推荐沟通方式

领导：我们能够满足客户的要求吗？

下属回答一：我个人觉得不行。客户的要求有点麻烦，我们想了很多办法还是不能满足，如果一定要满足他的话，花费的精力也会很大。

下属回答二：我觉得可以。虽然客户的要求有点麻烦，但以我对研发部门的了解，他们多花点精力还是能够应对的。

5. 领导很"笨"，所以你表达什么都要简单易懂，条理清晰

这里的"笨"不是真的笨，而是说领导不可能知道你工作的所有细节，所以介绍自己工作的时候，说话要尽量浅显易懂。和领导说话，要简单明了、思路清晰，要分一、二、三点或分几个方面讲述。

小故事

向领导汇报工作

第一，品质方面没问题，不良率在 0.001% 以下，近 3 个月没有客户投诉。

第二，在产出方面还有待提高，因为我们近期招人比较困难，人员紧张。

第三，成本控制方面也没问题。

当你遇到困难，想要寻求领导的帮助时，要让领导做选择题，而不是问答题，要尽量先给建议，把提议的方案列出来让领导来选择，而不是单纯地向领导寻求帮助。领导不知道你的工作细节，要花费时间才能想出来，如果你能给他现成的方案让他选，就容易得多了。

案例讨论

案例五

下属：领导，向您汇报一个紧急情况，有消费者反馈他们的手机电池爆炸了，需要您指示怎么处理。

领导：我需要时间想想怎么办。

推荐沟通方式

下属：领导，向您汇报一个紧急情况，有消费者反馈他们的手机电池爆炸了，我有以下3个方案，您看哪种比较好。

方案一：全部召回（花费的成本比较大，但是对品牌影响小）。

方案二：区分电池供应商，有问题的召回（相较于方案一成本略低，但是有些消费者可能会不满意）。

方案三：不召回，但是对手机爆炸的消费者进行高额补偿（成本最低，但可能会对我们的品牌产生非常恶劣的影响）。

领导：方案二，区分电池供应商召回。

（三）如何把握与领导相处的距离

在职场中，很多人处心积虑地讨好领导，想成为领导的心腹，从而获得更多的机会。结果适得其反，最终影响了个人的职业发展。

1. 与"挑剔"的领导相处

在工作中，当自己的方案、稿件、设计被领导要求一遍又一遍地修改时，很多人会腹诽领导，觉得是有意为难自己。其实，当自己不得不处理领导"苛刻"的要求时，自己的能力也在不断得到提升。领导对工作一丝不苟的态度，毫无保留地挑剔，正是员工积极上进的推动力。

2. 与顾虑太多的领导相处

顾虑太多的领导会思考每个环节可能会出现的风险，尽管这种做法多少有些令人难以忍受，但这也说明领导考虑周全。

与这类领导相处，员工应注意以下两点。

第一，心态要积极向上，不能因为未知的风险，就不敢向前。

第二，在正确方向的指引下，若对工作有十足的把握，在关键时刻，不能顾虑太多，先开展工作再说。

3. 与"沉默"的领导相处

有时候，与"沉默"的领导相处是件让人感觉很无力的事情，员工想尽自己最大的努力去完成工作，但领导看上去没多少头绪，并且不给员工任何明确的指示。

这时，员工要避免在猜测和假设中失去自我。任何事情都应该看到积极的一面，领导的"沉默"，从另一方面也表达出对员工的信任，允许员工按照自己认为合适的方式进行。所以，作为员工，施展自己的才能，将工作做得更好，就是领导要的结果。

当然，如果遇到自己不确定，或者需要让领导做决定才能推行的工作，员工可以拟出几个方案（不宜过多）供领导参考，并附上每个方案的背景资料及自己的建议。这样既可以展示自己的能力，也尊重了领导。

小贴士

平时如何与领导相处

1. 有"礼"有"距"

与领导相处要彬彬有礼、远近适度，切不可完全把领导看作自己的"弟兄"、好朋友，不顾上下级关系"滥"亲密。

2. 克服领导恐惧症

很多员工会有领导恐惧症：会议、公司聚会场合不敢与领导说话；平时见着领导就绕路走；无意中和领导独处，如乘坐电梯时，会表现出局促不安等现象。

克服这些现象应做到以下两点。

第一，踏实、认真地完成本职工作，同时不断学习，努力提升自己的能力。

第二，把领导当普通人，试想，自己认真工作，有什么可害怕的呢？而且，把自己在工作上的困惑告诉领导，也许能得到一些好的建议，让自己的思路豁然开朗。

3. 多和领导沟通

多和领导聊聊天，不管从哪个角度说，这都是一件对自己的职业生涯有帮助的事情。

案例讨论

案例六 与领导沟通的重要性

某公司 ICT 部门每天早上召开晨会，每位员工汇报前日的工作进展情况及本日的工作计划，部门负责人再对重点工作进行强调和布置。小李是一名工作积极性高、计划性强、工作效率高的员工，汇报工作时条理清楚，而且能将工作中遇到的困难及时反馈给领导，寻求解决方案；小王性格相对内向，工作认真负责，属于埋头苦干型的员工。汇报工作时非常简洁，只是将工作项目简单罗列，因为他认为自己的工作自己做，不应该麻烦领导和同事，遇到困难时，也不敢提出来，导致某些工作进展缓慢。当该部门有晋升机会时，部门负责人毫不犹豫地推荐了小李。

案例中的小李抓住与领导沟通的机会，及时反馈和解决问题，得到部门负责人的重用，而小王虽然付出努力，但是只专注于自身工作，不了解与领导沟通的重要性和技巧，错失了晋升机会。

思考练习

1. 简述自我介绍的技巧。
2. 简述与领导沟通的技巧。

拓展训练

工作风格

开展与工作风格相关的活动，让学生充分感受 4 种不同的工作风格。知道如何更好地与不同工作风格的人共事。

操作程序

1. 职业导师事先将下列 4 种工作风格中的条款制成 4 种不同颜色，例如红、黄、蓝、白颜色的扑克牌，每一条款一张牌。

2. 将手中的牌随意发给大家，每人手上的牌数量相等。

3. 学生阅读手上的牌的内容，看看是否适合自己的特点。把适合的留下，把不适合的与他人交换，交换到适合自己特点的牌，保持手上牌的总数量不变。

4. 如果职业导师手中的牌有剩余，可在活动进行五六分钟之后，将剩余的牌拿出来，让大家进行自由挑选、兑换。

5. 学生换牌结束后，按手中的牌的颜色分成小组坐下来。（最后的结果往往是学员手中的牌都是同一种颜色。如果偶然有人手中的牌的颜色不统一，如 3 张红的 2 张蓝的，他就归属红的小组。）

6. 让每个小组的人谈一谈他们各自的特点。

项目总结

　　班级企业化管理是创新班级管理的一种形式，对刚进入大学的学生来讲，很难把握准企业管理模式的精髓。企业里的每个人，尤其是管理者，口语表达能力是至关重要的，怎么把握与领导沟通交流的尺度，区分不同领导的类型并采取不同的工作方式，对职场新人来说也是非常重要的。本项目集中阐述了演讲，尤其是竞职演讲的技巧，同时也对如何与领导沟通进行了相关案例阐述，为读者提供了方法论，具有现实指导意义。

第四章

解锁职场新力量

项目简介

项目背景

张长弓、李木子、王小强3人成功竞聘，成为班级企业化管理的一分子。其中，张长弓有幸任职总经理兼班长，如何给团队及领导留下良好的第一印象？如何快速融入团队给自己加分呢？说实话，他的内心十分忐忑。李木子任职人事部经理兼心理委员，她发现，老王的性格强势，小刘是技术"大牛"，那么她又该如何在团队中扮演适当的角色呢？王小强担任技术部总监兼学习委员，同样存在这样或那样的疑问。我们到底怎样做才能与团队成员和平共处并且获得领导赏识呢？

项目目标

① 了解 SWOT 原理，并能熟练使用。
② 了解领导的角色认知和领导思维。
③ 掌握团队的构成要素。
④ 掌握提升团队合作能力的技巧。

知识图谱

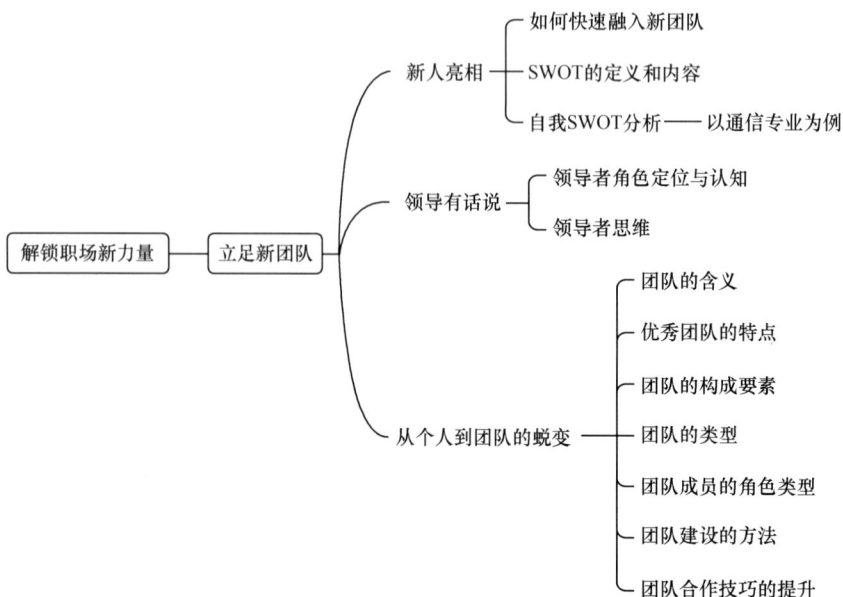

破冰活动

配对（宾果）游戏

一、游戏概要

1. 游戏类型：破冰船 / 沟通技巧。

2. 参加人数：全体学员。

3. 游戏时间：20分钟。

4. 所需材料：配对卡（每人一张）。

5. 场地要求：会议室。

二、游戏目的

1. 让学员活动起来。

2. 让学员互相熟悉，结识新朋友。

3. 调节课堂气氛。

三、操作程序

用事先准备好的配对卡或配对表，配对（宾果）游戏见表4-1，请每位学员在房间里寻找与自己的配对卡上描述相符的人，并在卡中相应的位置上签名。

记住：每位学员的名字在每个人的卡上只能使用一次，包括自己的名字。

完成的人请大叫一声"宾果"。

讲师事先宣布："最先将配对卡填完，并能证实内容与签名者真实状况相符合的人，可以获得大奖。"

为了让活动气氛更加热烈，讲师在事先准备配对卡时，可以根据学员的实际人数确定配对卡的格数。

四、游戏说明

每个空栏处都标有出席本次_____（会议、聚会、研究会等）的成员的特点，请在所有成员中寻找与表4-1中条件相符的人。如果找到，请他们在相关位置签名。（可能有人符合卡中所列的几项条件，但每个人只能在一张表中签一次名。）

表 4-1　配对（宾果）游戏

爱打网球	穿红色衣服	喜爱篮球	担任部门经理	已婚
骑自行车上班	讨厌足球	喜欢踢足球	喜爱开飞机	会说外语
爱弹钢琴	养热带鱼	独身	爱跳舞	穿牛仔裤
一头长发	讨厌吃菠菜	有两个孩子	喜欢游泳	曾出席过全国会议
第一次参加的成员	拥有驾照	戴眼镜	读人民日报	曾到过其他国家

说说看

1. 融入新团队需要注意哪些内容？

2. 如何在陌生环境中展示自我？

任务　立足新团队

一、新人亮相

（一）如何快速融入新团队

1. 主动交流并帮助别人

我们到了一个新的环境，要学会主动和别人交流。也许你是一个内向的人，但那并不能作为你不与人交流的借口。你要明白，你不去和别人交流，老员工是不会主动和你交流的。大多数人期望别人对自己关心，所以你要做到别人做不到的事情。

吃午饭的时候可是个关键时机，了解每个人的口味和大家的故乡，说不定就会碰到老乡，马上可以拉近距离。美食是一个万能的话题，但在不了解饭桌上每个人的前提下，谈论美食的话题时要多照顾其他人的感受。

🔍 **小故事**

经理助理"挨骂"之后

一次，因为助理的工作失误，经理非常严厉地批评了他。第二天，经理发现助理并没有降低工作热情，反而主动帮助公司做其他事情。就问助理："我昨天批评你，你今天为什么还做得这么好？"助理说："关键是我从您的眼神中领悟到，您批评我，是因为您觉得我可以做得更好，而且您是全心替我着想的。"

当你爱的时候，得到的是爱；当你怨恨的时候，得到的是怨恨。这是人际关系中最重要的黄金法则。

这个故事对我们有哪些启发？

让人最快相互熟悉的方式还是在工作中的交流，我们应虚心请教，无论本部门合作还是跨部门合作，都要谦虚而又谨慎地扛起责任。

在工作的社交群中活跃一些，有话题、有见解都可以积极参与讨论。公司有活动或者专业论坛的话，都可以去试试。

快速融入团队的核心在于——主动去关心团队，关心团队的整体和每一个成员。可能有的同学说这样做太累，当然人各有志，也有人选择慢慢来，并不强求。

2. 谈论别人感兴趣的话题

古人云：话不投机半句多。只要抓住了对方的兴趣点，不仅不会"半句多"，甚至"千句也嫌少"，会越谈越投机，越谈越开心。谈论别人感兴趣的话题，常常可以把两个人的情感紧紧地连接在一起，而且还是打破僵局、缩短交往距离的良策。

聊电影，电影是个永恒的话题，无论男女老少，都有喜欢看的电影类型，聊电影是最容易挑起聊天兴致，不至于冷场的话题。

聊美食，也许不是人人都会下厨，但人人都是美食家，网红火锅、日料海鲜，好不好吃，哪家好吃，一定可以有很多可聊的主题。

聊旅游，年轻人的爱好各有不同，但大部分人喜欢旅游，看不同的风景，体验不同的风土人情，结交不同的朋友，人们向往着生活里有诗和远方。可以跟对方聊聊你去过的地方，分享一些旅游趣事，也可以问问大家的经历，这些都是可以延展的内容。

案例讨论

人们不会拒绝你谈论他感兴趣的内容

有些领导的办公桌上会摆放家人的照片。如果在与他谈生意时遇到冷场，不妨就先夸一夸这张照片："是你妻子吗？她长得很美。""你的孩子真可爱。""你的家庭真让人羡慕。"气氛可能会有好转。据说这已经成为人们谈判时常用的做法，因为人们不会拒绝你谈论他感兴趣的内容。

对以上案例，你怎么看？

人与人相处时要善于观察和思考，在前期应当做充足的准备工作，这个准备工作分为两个部分，一是要对他人有充分的了解，二是自身有一定的知识储备。

3. 真心赞美周围的同事

赞美被称为语言的钻石，每个人一生都在寻找成就感，都希望得到别人的赞美。如果团队能为成员提供空间使其获得成长，大多数情况下，该成员会留在团队中，而且会全力以赴，认真地为团队付出。

不断地赞美、支持、鼓励周围的朋友和同事是有效的办法。每个人都有优点和其独特性，要找到每个人独特的优点去赞美他。如果一个成员取得了一些成绩，当你希望他继续获得成就的时候，可以去赞美他。如果一名销售人员刚刚签了一单可观的合同，团队当中的每个成员都应赞美他，将他视为团队中的栋梁，当他受到了这种赞美和鼓励后，会更有动力为这个团队付出。

其实赞美也是有方法的，人人都需要掌握几种沟通技巧，融入赞美的方法里。

分享森下裕道《5秒钟让人对你超有好感》一书中的6个技巧。一是投入感情：缺乏感情，表示那不是你真正认同的事情。因此，只要称赞你认为对方值得赞美之处就好，传达出自己真诚的感受，对方必然感受得到。二是具体称赞：比起笼统的称赞，讲出具体内容，更能让人觉得你是真心的。例如，具体地说出"这件衬衫袖子的设计真好看"，就比只称赞对方"衣服很好看"更合适。此外，称赞之后向对方提问，更可以增加真实感。例如，"贵公司的开发能力真是优秀，请问你们是如何产生这些构想的呢？"三是客观地称赞：以非直接且客观的角度赞美。假如你想称赞新来的上司很厉害，又不想被认为是在拍马屁，可以转个弯说，"大家一定常说你很聪明吧？"用客观的立场谈话可以观察出对方期望别人对他的看法。而采用第三人称的句型，例如，"大家都夸你们家小朋友很可爱吧？"对方听了就会觉得"我们家的小孩果然很可爱"。四是即使对方表现谦虚，仍要称赞到底：大部分的人听到称赞，都会谦虚地表示"还好啦""没有啦",但如果你这样就作罢,被你称赞的人一定很难过,因为他其实是希望你继续称赞下去。五是称赞对方前,先不经意地发出赞叹:就像吃到好吃的料理,会不自觉地发出"哇"的赞叹声。例如,去经理家做客,吃到经理夫人做的料理,大家一定抢着说好吃,但如果你先发出一声"哇"再称赞"好好吃",就能让称赞更具说服力。音量要保持在对方刚好能听见的程度,而且说的时候绝对不能和对方四目相交,不做眼神接触,听起来会更像真心话。六是巧妙地透过第三者给予称赞:虽然直接称赞对方,对方会很开心,但若经由他人得知自己暗地受到赞扬,开心的程度会加倍。例如,你听同事说,上司曾在你不在场的场合称赞你,通过第三者之口,更能让人感受到话语的真实性。

🔍 **头脑风暴**

天才猎头

一、游戏概要

形式:集体参与

时间:40 分钟

材料:天才猎头工作表

场地:室内

二、操作程序

1. 把学员分成人数相等的两组,让他们分别坐成两个同心圆。

2. 让外圈学员与内圈学员一一对应,以便每个人都能组合。

3. 发给外圈学员每人一份"天才猎头工作表",并让他们阅读上面的说明。

4. 内圈学员是一家广告代理公司智囊团的成员。他们代表总裁,负责交给外圈学员一个产品,这种产品能以某种方式使生活变得更方便。外圈学员的工作是作为小组成员,参与提出产品设计方案、名字和合适的广告词。

5. 当智囊团确切地阐述了他们的广告创意之后,外圈学员带头鼓掌。

6. 让所有人重新组成一个大圈,让天才猎头、外圈学员和内圈学员肩并肩挨着坐。

7. 给每个天才猎头 3 分钟时间,请他们夸奖自己的客户。

三、讨论

1. 内圈学员

(1)你参与的内圈活动是你工作中的典型情况吗?如果是,为什么?如果不是，为什么？

（2）听到你的代理人对你的评价，你有什么感受？听到的评价中是否有什么让你觉得惊奇的？

2. 外圈学员

只注重某个人的能力，你会有什么感受？你在夸奖一个人的行为特点时，遇到什么困难了吗？

3. 所有学员

（1）如果管理者对待你的行为像本游戏中的天才猎头一样，特别注重你的能力，你会怎样工作？这会影响你与管理者的关系和你对自己的信心吗？

（2）你需要怎样做才能辨别不同员工的能力？

（3）如果你抛弃一贯做法，给予员工肯定的反馈，你觉得员工会有什么反应呢？

4. 为别人的成就感到高兴

为别人的成就感到高兴，并真心地予以祝贺。当你真心地祝福获得财富的人，你也会慢慢地获得财富，因为你为财富而祝福。当你忌妒别人或者当你开始为别人取得成就而感到不舒服的时候，那是因为你的格局没有放大。如果你的格局被放大，你会为别人取得的成就感到高兴，并且衷心为他祝贺，因为你是一个对自己非常有信心的人。做一个能够为别人取得的成就而祝福的人，你也会取得和他一样的成就。

5. 激发别人的潜力

人际关系中最重要的就是要敢于激发别人的潜力，当你激发了别人的潜力，别人通过你的鼓励取得成就时，他会由衷地感谢你。每个人都期望别人给他十足的动力，使他产生梦想，让他拥有应该拥有的"企图心"和上进心。

真诚和恰当的赞美、表扬和鼓励，以及注重建立良好的人际关系，可以让你更好地激发别人的潜力，是实现个人和团队的最终目标的方法之一。

小贴士

美国学者布吉尼教授曾提出一个人际交往的3A原则，使你在职场中成为受欢迎的交谈对象。

Accept是指接受对方。无论他来自哪里，性格怎样，处于什么岗位，能力怎样，他都是世界上独一无二的那个他！你应该没有芥蒂地接受他。一个人不能改变另一个人，更不能期待同事都变成你喜欢的样子。记住：所有的改变，都是源于一个人自身的醒悟。

Appreciate 是指欣赏对方、重视对方。不管他是否说话尖酸刻薄，也不管他是否在意你的感受，你要做的就是挖掘他的语言和行为的正面意义，以积极正向的心态给予反馈。

Admire 是指赞美对方。俗话说，好孩子是夸出来的。推而广之，好丈夫、好妻子都是夸出来的。当然，好同事也是被夸出来的！你想要别人具有怎样的优点，你就要怎样去赞美他。

德国一家公司对员工有一个要求，就是要求员工每天在工作岗位上由衷地赞美见到的第一个人，结果工作氛围非常融洽。因为当你把快乐送给同事时，同事也一定会投桃报李。

（二）SWOT 的定义和内容

SWOT 分析又称现状分析，是一种战略分析方法，通过对内部资源和外部环境的有机结合来确定企业的优势和劣势，了解企业所面临的机会和威胁，从而在战略与战术两个层面对企业施加影响，以确保企业达到所要实现的目标。SWOT 是把与研究对象密切相关的各种主要内部优势因素（Strengths）、弱点因素（Weaknesses）、机会因素（Opportunities）和威胁因素（Threats），通过调查罗列出来，并依照次序按矩阵形式排列，然后运用系统分析的思想，把各种因素相互匹配并加以分析，从中得出一系列相应的结论，例如对策等。

SWOT 的内容如图 4-1 所示。

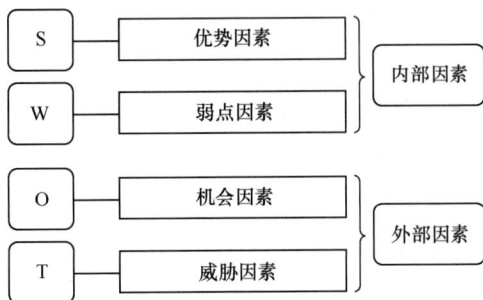

图 4-1　SWOT 的内容

（1）优势—机会（SO 战略）

SO 战略又被称为增长型战略，是一种发展企业内部优势与利用外部机会的战略，是一种理想的战略模式。当企业具有特定方面的优势，而外部环境又为发挥这种优势提供有利机会时，可以采取该战略。例如，良好的产品市场前景和供应商规模扩大等外部条件，配合企业市场份额高等内在优势，可以成为企业收购竞争对手、扩大生产规模的有利条件。

（2）优势—威胁（ST战略）

ST战略又被称为多种经营战略（多元化战略），是指企业利用自身优势，回避或减轻外部威胁所造成的影响的战略。例如，竞争对手利用新技术大幅度降低成本，给企业带来很大的成本压力；同时，材料供应紧张，其价格可能上涨；消费者要求大幅度提高产品质量导致的生产费用增加。但若企业拥有充足的资金、熟练的技术工人和较强的产品开发能力，就可以利用这些优势开发新工艺、简化生产工艺过程、提高原材料利用率，从而降低材料消耗和生产成本。

（3）劣势—机会（WO战略）

WO战略又被称为扭转型战略（转向战略），该战略利用外部机会来克服内部劣势，使企业改变劣势而获取优势。当存在外部机会，但企业因存在一些内部劣势而妨碍其利用机会时，可以采取措施先克服这些劣势。

（4）劣势—威胁（WT战略）

WT战略又被称为防御型战略，是一种旨在减少内部劣势，规避外部威胁的收缩战略。当企业存在内忧外患时，往往面临生存危机，企业应主动进行业务重组或者彻底放弃，设法避开威胁和消除劣势。

它也是用于帮助企业（或部门、个人）清晰地把握与企业（或部门、个人）发展目标相关的外部和内部的环境与资源的教练工具之一。

（三）自我SWOT分析——以通信专业为例

1.通信专业的就业方向

通信专业的就业有两大方向，一个是软件，另一个是硬件。软件方面包括软件开发、网络设计、应用软件编译等；硬件方面主要是在电子通信器件之类的公司就业。学生就业去向主要涉及电信运营商、设备制造商、电子信息类技术研发的相关科研院所、高新技术科技产业公司、企事业单位等，例如，中国电信、中国移动、中国联通等电信运营商，中兴、华为、大唐等设备制造商，以及三星、诺基亚贝尔等外资企业。

2.内部环境分析

（1）S：优势

移动互联网让信息技术与通信技术相互融合，成为一个整体。

校企合作集结双方优势教学资源，大型实训室和行业资深讲师共同打造直通职场的准职场人。一般大学里都拥有完善的就业服务保障体系。

（2）W：劣势

通信专业涉及的专业知识既广泛又多元，涵盖了 20 世纪兴起的移动通信技术、光纤通信技术等。这些通信技术目前是并存的状态，运用在不同的领域。这些通信技术虽然在原理上是相通的，但在核心技术上是相互独立的。通信行业的人员要掌握其中的大部分知识。

通信专业的学生需要不断地学习新知识。现代通信行业在近几十年内迅速崛起，迭代速度飞快。例如，兴起于 20 世纪 80 年代的移动通信技术，经过短短的 40 年已经发展到第五代。

3. 外部环境分析

（1）O：机遇

ICT 领域是目前全球发展活跃的领域之一：移动互联网、云计算、大数据、物联网、人工智能等技术革命席卷全球，可穿戴设备、3D 打印等更多指向未来的产品逐渐进入大众的视野，深入大家的生活工作中。ICT 产业正在以前所未有的力量改变着这个社会。

（2）T：威胁

通信行业的同质化竞争严重，高校之间的竞争也非常激烈。

强化训练

SWOT 分析模型的方法

1. 杠杆效应（优势＋机会）。杠杆效应产生于内部优势与外部机会一致和相互适应时。在这种情形下，企业可以用自身内部优势撬起外部机会，使机会与优势充分结合并发挥出来。然而，机会往往是转瞬即逝的，因此企业必须敏锐地捕捉机会，把握时机，寻求更大的发展。

2. 抑制性（劣势＋机会）。抑制性意味着妨碍、阻止、影响与控制。当环境提供的机会与企业内部资源优势不匹配，或者不能相互适应时，企业的优势会得不到发挥。在这种情形下，企业需要提供和追加某种资源，以促进内部资源众劣势转向优势，从而适应外部机会。

3. 脆弱性（优势＋威胁）。脆弱性意味着优势的程度或强度的降低、减少。当环境状况对公司优势构成威胁时，优势得不到充分发挥，出现优势不优的脆弱局面。在这种情形下，企业必须克服困难，发挥优势。

4. 问题性（劣势＋威胁）。当企业内部劣势与企业外部威胁相遇时，企业将面临严峻挑战，如果处理不当，可能直接威胁到企业的生存。

SWOT 分析即态势分析，是将与研究对象密切相关的各种主要内部优势、劣势、机会和威胁等，通过调查列举出来，并依照矩阵形式排列，然后用系统分析的思想，把各种因素相互匹配并加以分析，从中得出一系列相应的结论，而结论通常带有一定的决策性。

应用 SWOT 进行个人分析如下。

1. 背景资料

李建，男，中共党员，2000 年出生，2018 年 9 月考入某城市学院数字媒体技术专业，2022 年 7 月毕业；2022 年 9 月进入某知名大学新闻传媒学院新媒体传播专业，现读研一。

2. 内外部环境分析

（1）S：优势

① 开朗乐观、志向高远、生活态度积极，善于发现事物的积极面。

② 诚实稳重、为人正直、待人诚恳，喜欢与人交往。

③ 强烈的责任心、较强的社会适应能力及组织能力。

④ 心思细腻，思考问题细致缜密。

⑤ 学习认真踏实，具有一定的文学素养。

⑥ 喜欢思考问题，有一定的分析能力，并喜欢寻根究底。

⑦ 富有逻辑性和条理性，有一定的书面表达能力。

⑧ 勇于创新、敢于尝试，喜欢接触新鲜事物。

（2）W：劣势

① 社会经验不足、知识范围过窄，缺少理性思维能力。

② 语言表达能力不强，不善于在公共场合演讲，口语表达过于啰唆。

③ 思维方式比较程式化，不够灵活和变通。

④ 自视过高，我行我素，有时候比较固执，不喜欢采纳别人的意见。

⑤ 性情柔弱，有时候想问题、做事情过于瞻前顾后、优柔寡断，以致错失良机。

3. 外部环境分析

（1）O：机遇

当今社会是一个信息爆炸的时代，媒体在社会中的作用显得更重要。传播学涉及面广泛，理论性和实践操作性兼备，发展空间巨大；既有影视媒体又有网络媒体，紧跟现代传播技术的发展，从信息角度把握传播的发展趋势；既有深度又有广度，社会对这方面的人才需求量大，专业发展前景光明。

该大学新闻传媒学院给学生提供了良好的学习环境和很好的软硬件条件，学生可以在导师的指导下参与一些科研项目，学以致用，也可以积累更多的实践经验。同时，有很多的机会与行业专业人士接触、交流、学习，以提高自身素质，可以有考博或就业的双重选择。

身边有很多优秀的同学，为学习和课题研究提供了丰富的可利用资源，并且成为构建良好人际关系的条件。

（2）T：威胁

目前，各用人单位对人才素质提出了更高的要求，越来越多的用人单位更加看重工作经验而非学历。

我国当前的就业形势是研究生数量剧增，优秀的人才很多而岗位数量欠缺。在这种情势下，人才比拼的不单单是知识，更是对个人发现机会、展现自己并把握机会能力的考验。

4. 未来选择

运用SWOT法进行个人分析后，主人公对自身有了更清晰的认识，进一步明确了未来发展的方向。主人公计划在3年研究生期间，利用较强的学习能力，认真学习传播学专业知识和广告学知识，不断提高英语水平和计算机能力，拓展知识面以培养广阔的视野和提升创新能力，同时，利用课余时间参加社会实践锻炼，以积累工作经验。毕业后将考虑从事与专业相关的职业，例如传媒业、广告业等。

二、领导有话说

（一）领导者角色定位与认知

1. 规划者

《孙子兵法》中记载，"夫未战而庙算胜者，得算多也；未战而庙算不胜者，得算少也。多算胜，少算不胜，而况于无算乎？"无论做什么事情，事先都应有打算和安排。一个人有了计划，工作就有了明确的目标和具体的步骤，就可以协调大家的行动，增强工作的主动性，减少盲目性，使工作有条不紊地进行。同时，计划本身又是对工作进度和质量的考核，对大家有较强的约束和督促作用。

领导者应该明确知晓组织的整体战略；牢记部门的年度工作目标（来自战略目标分解及部门职责方面的目标）；根据目标制订具体的执行计划和实施战术，将总目标分解到每个人身上。

2. 执行者

以下是企业中执行力欠佳的具体体现。

5%的人看不出来是在工作，而是在制造矛盾，无事必生非——破坏性地做。

10%的人正在等待着什么——不想做。

20%的人正在为增加库存而工作——"蛮做""盲做""胡做"。

10%的人没有对公司做出贡献——在进行负效劳动。

40%的人正在按照低效的标准或方法工作——想做，而不会正确、有效地做。

只有15%的人属于正常范围，但绩效仍然不高——做不好，做事不到位。

领导者应把决策层的领导理念、战略规划，和一些具体的方案和方法真实、准确地传递给基层的每个员工；明确团队及下属的职责，严格执行工作标准，认真履行岗位职责。

3. 危机问题解决者

带着解决方案去找领导，而不是带着问题跟领导请求资源支持。

小故事

《笑着离开惠普》中的故事

记得20年前刚加入惠普的时候，我遇到一个难题，一时想不出什么好办法，就去找当时的市场部经理。我把事情陈述了一遍，就问他："您看怎么办？"我的上司没有直接回答我。他看了我一会儿，就反问我："你说该怎么办？"我一下子就蒙了，心想："我跑来问你，正是自己想不出来怎么办，你怎么反问我了？"于是我说："自己想不出什么好办法，才来征求您的意见。"他让我回去好好想一想，等想出什么建议或方法了再来找他。

开始我心里挺不舒服——这里的人怎么这样呢？我找他帮忙，他一句话不说就把我打发回来了。对他来说，这件事情肯定是很简单的事情，告诉我一声不就完了吗。无奈之下，我只好自己挖空心思地想办法，结果还真想出来一个方案。第二天我又去找他，把我想出来的方案给他讲了一下。他静静地听我说完，盯着我问道："就这一个办法？"得到我肯定的答复后，他又说："回去再好好想想，看能不能多想几个办法。"

4. 监督、控制者

一家成功的企业离不开科学的预测、正确的决策、严格的领导和有效的监督。监督和检查不是信任与否的问题，而是必须遵守的规则。制度的落实不仅需要自觉维护，更需要组织监督。

5. 领导者

拿破仑说过："一头狮子领导的一群绵羊可以打败一头绵羊领导的一群狮子。"因此，不要抱怨你的下属是羊，因为他是狮子还是羊并不重要，重要的是你是不是一头雄狮！拿破仑又说："从来没有无能的士兵，只有无能的军官。"一个团队的工作没有成效，不能责怪下属，要责怪这个团队的领导。正所谓，建立好一个组织需要大家——所有员工；破坏一个组织只要一个人——组织的领导者。

6. 教练员

"兵随将转，无不可用之兵。"下属的素质就是领导者的素质，下属素质低不是领导者的责任，但不能提高下属的素质，就是领导者的责任。人是天底下最好的宝藏，一个领导者要有这样的度量和能力——凡是跟着自己的人，有责任把他们的潜能都开发出来。领导者要宁肯"鞭打慢牛"，也不能"卸套不用"自己去干。领导者不能自恃权重、能力比下属强，就随意干扰下属做事，抢夺下属做事的权力。但是，若是将一个资质平庸的下属培养成卓越人才，谈何容易！所以，不是每位领导者都有这份度量和耐性的。

说说看

你怎么看待"教会徒弟，饿死师傅"这个说法？

（二）领导者思维

人的行动是受思想支配的，领导活动的实质是思维活动，领导者水平的高低取决于领导者的思维能力。

1. 反向思维法（逆向思维）

反向思维的特征是别人从众他独行，以别人想不到的方式解决问题。

一般正常思维、正向思维是干任何事情必须名正言顺，必须想好了再干。而反向思维把顺序颠倒了过来：先干起事情来再定性质。反向思维不是与上级唱对台戏，不是另搞一套，而是在不违背基本原则的前提下怀疑、否定，冲破貌似有理的想法和做法，在看起来最不可行的地方走出一条切实可行的富有特色的新路来。怀疑、批判、探索和验证是反向思维必不可少的 4 个步骤。

2. 多向思维法

多向思维又称多方位思维、发散思维。它的特点是从不同角度、不同方向、不同层次进行多方面的思维判断，从而形成解决问题的多种思路、多种方法、多种方案，进而为做决策打下良好的基础。

小故事

在培训课上，教师要求大家用 4 根火柴摆成算式，使其结果等于 1。话音刚落，有个学员说出了答案：$1 \times 1 = 1$。教师没有说话，期待大家继续发言，然而 5 分钟后仍没人说话。教师遗憾地说："我等大家发言，是因为结果等于 1 的算式有很多种，刚才只是一种。可是你们的思维方式只局限于一个答案，认为只有一个，这就错了。"大家思维活跃了，列举出来很多种答案，例如1=1等。于是大家悟出了道理，单向思维限制了大家的思路，多向思维能开扩大家的思路，发现许多新主意和新办法。

突破思维定式是多向思维的关键。

多向思维有个转向问题，思维在某个方向完成以后立即转到其他方向，探索可能性，例如要解决过河的问题，需要解决交通问题。如果用单向思维，很可能首先想到建造一座桥，而多向思维不然，它要探索现实中存在的多种可能性，例如可以用船，也可以建水下通道等。思维转向就是在一个问题出现时，尽可能多地提出几种设想、方案或建议，扩大思维的空间，拓宽决策选择余地。思维发散的实质是迁移，迁移是指整个思维起点、思维指向、思维标准、思维结果之间的跨越流动和变化。

3. 侧向思维法

我们都知道曹冲称象的故事，曹冲把难称的大象换成石头，就解决了困难。从思维方法的角度分析，这既是换元（把大象换成石头）的多向思维，又是迂回前进的侧向思维。

侧向思维是在正向思维、单向思维受阻时变换一下角度，从侧面达到目的的一种创新思维，例如做人的思想工作。书记找王某为一件小事谈了很多次，就是做不通王某的思想工作。这说明此路不通，不妨用侧向思维，换一种方法试试。例如，书记委托班主任做王某的思想工作，班主任与王某熟悉，知根知底，也许一次就能解决问题。书记直接做王某的思想工作是正向思维，书记通过班主任来做王某的思想工作就是侧向思维。侧向思维的要意在于"他山之石，可以攻玉"，是指借助系统之外的信息、知识和经验来解决自己面临的难题。

侧向思维的优点就是在思维受阻达不到预先目标的情况下，及时转移思路，变换角度，继续思考下去。侧向思维与多向思维不同，侧向思维要保证思维的结果不变、预期的目标不变，变的是思维通道和达到预期目标的中间途径；多向思维大多数是发散性的，思维的出发点相同，终点不同。

4. 组合思维法

组合思维不是一个很规范的概念，它的大意是把某些已经知道的、熟悉的内容组合成一个未知的、富有新意的事物。这种思维方法很简单，但很有效。一些简单的、基本的、不起眼的东西，通过排列组合能够形成许多新样式。

小故事

　　我们运用组合思维的方法，以豆腐这个最平常和熟悉的事物为例，可以把一种豆腐变成几十种甚至几百个品种。

　　从颜色上组合：

　　豆腐 + 草莓 = 红色的草莓豆腐；

　　豆腐 + 绿色菜汁 = 绿色的蔬菜豆腐；

　　豆腐 + 咖啡 = 棕色的咖啡豆腐；

　　豆腐 + 橘汁 = 黄色的橘汁豆腐。

　　组合到这里并没有完结。

　　从重量上看：豆腐可分为 100 克、250 克、500 克、1000 克、2000 克等。

　　从包装形状上看：豆腐可分为圆柱形、方块形、圆球形、三角形、动物造型等。

　　这样一来，就有 5 种豆腐、5 种包装、5 种包装形状、5 种重量规格的豆腐产品。从理论上计算，组成了 5×5×5×5=625 种豆腐产品系列。可见，组合思维是能在很大程度上帮助我们打开思路、创出新意的。

5. 模糊思维方法

　　模糊，一般指事物的概念、轮廓不清晰，事物之间的关系不明朗，难以用精确、具体的语言来表达。在领导活动中，也存在许多模糊事物、模糊关系、模糊概念，认识它们需要模糊思维的方法。

　　领导面临的许多问题是错综复杂的，领导思维的对象大多具有模糊的性质。模糊并不可怕，思考问题并非越精确越好。领导者的思维应是模糊中能精确，精确中有模糊，该精确的精确，该模糊的模糊。

　　模糊思维方法的运用有以下 5 点。

　　（1）粗与细的模糊思维

　　对重大原则问题不能马虎，要分清是非，刨根问底，越"细"越好；对于一般问题，无关大局的问题宜"粗"不宜"细"，"粗"更有利于解决问题，模糊一些效果反而更好。

　　（2）拖延和沉默

　　对许多重大问题要态度鲜明、及时处理，对有些具有模糊性质的问题则可以采取拖延和沉默的方法来处理。例如，对可开可不开的模糊会议可以拖延甚至不开；对可发可不发的文件可以拖延甚至不发；对可表态可不表态的模糊问题，可以沉默，甚至不表态。

有些问题说不清，暂时不争论，以后随着时间推移可能自然解决。有些问题虽属原则问题，但认识存在分歧，解决的时机不到，也可采取模糊思维拖延处理。

（3）掌握隶属度

为什么有的领导者做"一刀切"，从思维的深层找原因，因为他们习惯于非此即彼的思维方式。评价一个人，不可能百分之百好，也不可能百分之百差，评价体系也有不同的隶属度。隶属度的运用会促使领导的思维方式发生微妙变化。

（4）人际关系的思维有时要模糊一些

领导班子之间、下属之间、员工之间常常出现一些问题，为了协调好人际关系，领导者的思维有时要模糊些，甚至"糊涂些"。

（5）金无足赤，人无完人

人皆处在绝对好与绝对差之间的某个位置、某种状态。领导者要学会容忍他人的缺点，原谅下级的过错。当然，原则性的问题另当别论。

6. 系统思维法

系统思维就是人们运用系统观点，把对象作为多方联系的、具有一定结构和功能的有机整体进行认识的一种思维方法。系统思维方式是唯物辩证法普遍联系原则的具体化、丰富化，它把客观世界的"联系"转化为多层次、多方法、多因素、多变量的动态联系整体，揭示出"联系""关系"在事物存在、运动和发展中的作用。

整体性原则是系统思维方式的核心。这个原则要求我们无论做什么事都要立足整体，从整体与部分、整体与环境的相互作用过程来认识和把握。各级领导者在思考和处理问题的时候，都必须从整体出发，把着眼点放在全局上，注意整体功能，提高总体效益，增强综合效果。

7. 直觉思维法

直觉思维法是省去逻辑推理而直接认识对象的一种思维方法。

直觉思维具有以下特征，掌握这些特征有助于我们自觉地使用直觉思维方法。

① 非逻辑性直觉思维不是按照严格的逻辑程序展开的，它往往省略或跳跃到某个逻辑步骤而直接得出结论。

② 潜意识性直觉思维是在意识之外孕育发展的，整个加工信息的过程都是在人的潜意识之中进行的。

③ 突发性直觉思维在时间上给人的感觉是突然发生的。突然有一个新奇的想法跃入脑海，使人豁然开朗，一下子就抓到了问题的实质，找到了解决问题的方法。

④ 随机性直觉思维随时可能发生，很难控制它的发生机制和发生时间。

⑤ 深刻性直觉思维的过程虽然短暂，但能敏锐地把握事物的内在联系，能够准确且深刻地认识到对象的本质和规律。

三、从个人到团队的蜕变

（一）团队的含义

1. 团队的概念

团队是由基层和管理层人员组成的一个共同体，它合理利用每一个成员的知识和技能协同工作，解决问题，达成共同的目标。

2. 团队的含义

团队具有3层含义：达成共识，目标一致；清楚的角色认知和分工；合作精神。一个团队的力量一定是方方面面的人合作产生的合力，而且合力大于所有参与人的力量总和，即"1+1>2"。

🔍 小故事

荒岛求生

在一次海难中，5个人漂流到一个小岛上。为了生存，他们必须建造一栋房屋，以抵御野兽和即将到来的寒冬。幸好，这个小岛曾经有人居住过，留下很多残存的建筑物，有大量的石料可以使用。但是，这些石料都非常大且沉重，每块都需要4个人抬才能移动，想把这些石料搬运到适合盖房子的地方实在是一件很辛苦的事。漂流到小岛上的5个人相互推脱，不愿意去抬石料，即使是去抬石料，也不愿意出力气，眼看寒冬将至，盖房子的工作却没有一点儿进展。

这时，又有一个人遭遇海难漂流到这个小岛，当知道大家在为严冬将至却依然没有盖起房子苦恼时，这个人先是在小岛上转了一圈，而后把大家召集起来，对大家说："我已经调查并估算过了，我们盖房子大约需要480块石料，每块石料要4个人抬，那么就是要1920人次，我们是6个人，每人抬320次，每人每天抬32次石料，一天就可以抬48块，10天就可以全部抬完。用不了一个月，我们的房子就能盖起来，那时候刚好是冬天，我们在屋子里温暖地过冬，也不用担心野兽的袭击，来年春天就会有船经过小岛，我们就都能得救了。"

听到这里，大家非常兴奋。这个人接着说："大家的劳动付出是一样的，不计先后，每天完成这个工作量就可以休息。但是，有一点必须强调，每个人必须全力以赴，因为在搬石料时，4个人中如果有一个人偷懒，石料就很可能落地，砸伤其他人，这样一来，虽然自己没有受伤，但是打破了这个劳动分工的平衡。如果受伤的人超过两个，我们将无法建造好房子，只能眼睁睁地冻死，或是被野兽吃掉，所以为了自己，大家要全力以赴。"大家由衷地点头表示赞同。"好，既然是我的提议，那么我就第一个去搬石头。"说罢，这个人甩掉上衣走向巨石。因为已经有了明确的分工，大家也就不再推脱，也都抢着去搬运，同时都很卖力，生怕同伴受伤，因为谁都不希望这个计划失败。

果然，10天之后石料全部被搬运完了，这个人用同样的方法解决了后面建造中的团队分工合作问题。不到一个月，一栋温暖、结实的房子就建好了，他们顺利度过冬季，第二年有船经过，他们顺利获救了。

说说看

同样是这些人，处理事件的效果为什么有很大的不同？

（二）优秀团队的特点

1. 明确的团队目标

一个好的团队，一定有共同的、明确的目标，它是一面旗帜，大家都朝着旗帜的方向前进。明确的团队目标如图4-2所示。

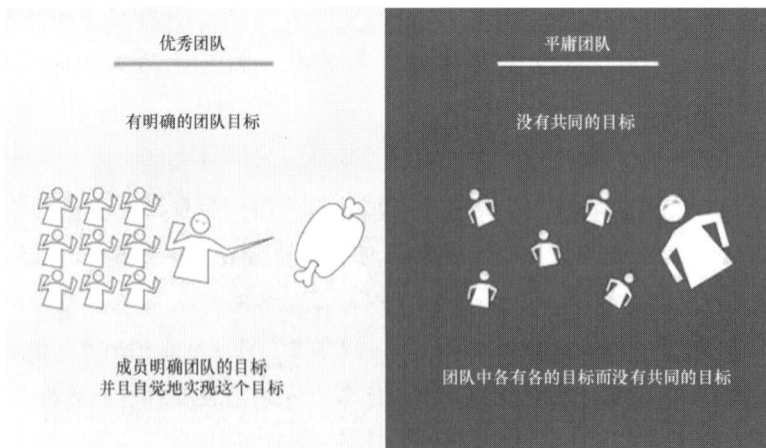

图4-2　明确的团队目标

2. 共享的团队

一个好的团队，在于团队成员能够把达成团队共同目标所需要的资源、知识、信息及时地在团队中传递，以便大家共享经验和教训。共享的团队如图4-3所示。

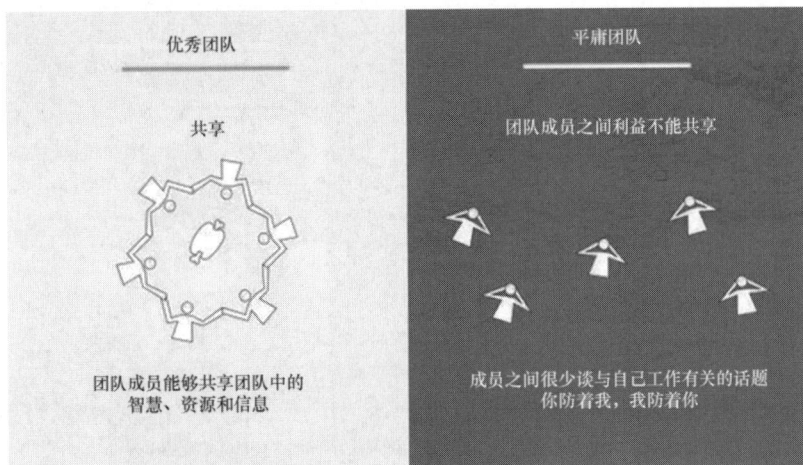

图 4-3　共享的团队

3. 团队中不同的角色

好的团队特点是大家的角色不一样，每个团队成员要扮演好自己特定的角色，角色之间互补才会形成好的团队。团队中不同的角色如图 4-4 所示。

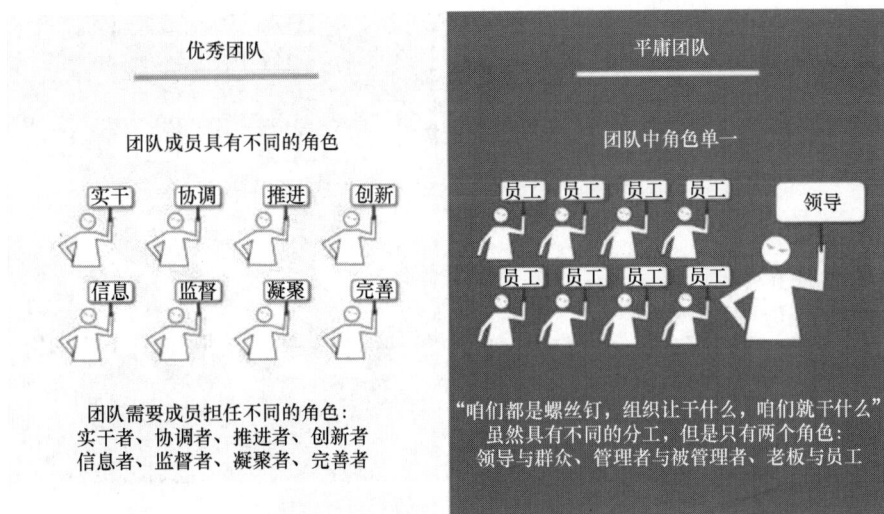

图 4-4　团队中不同的角色

4. 团队中良好的沟通

好的团队应该能够进行良好的沟通，成员沟通的障碍越少，团队的凝聚力就越强，这也是每个处在企业中的人的深刻体会。团队中良好的沟通如图 4-5 所示。

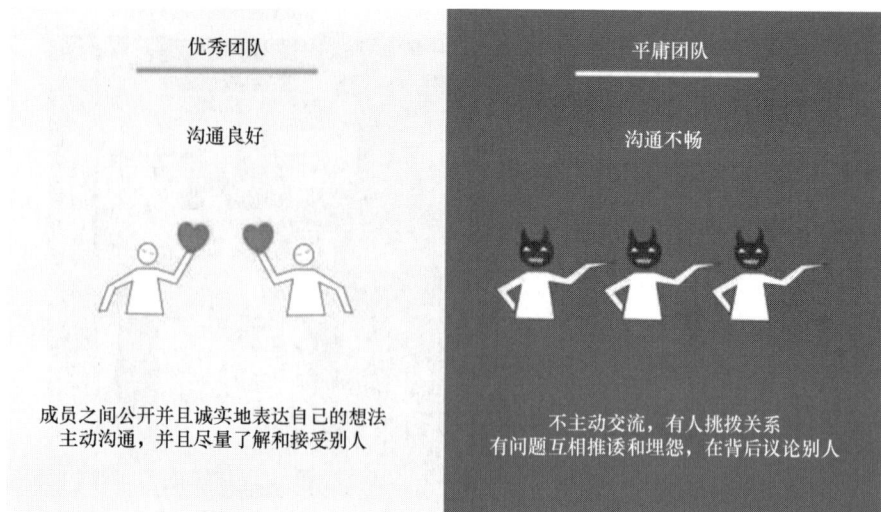

图 4-5　团队中良好的沟通

5. 共同的价值观和行为规范

企业员工要有共同的价值观，企业的价值观指导整个企业员工的行为。团队共同的价值观和行为规范如图 4-6 所示。

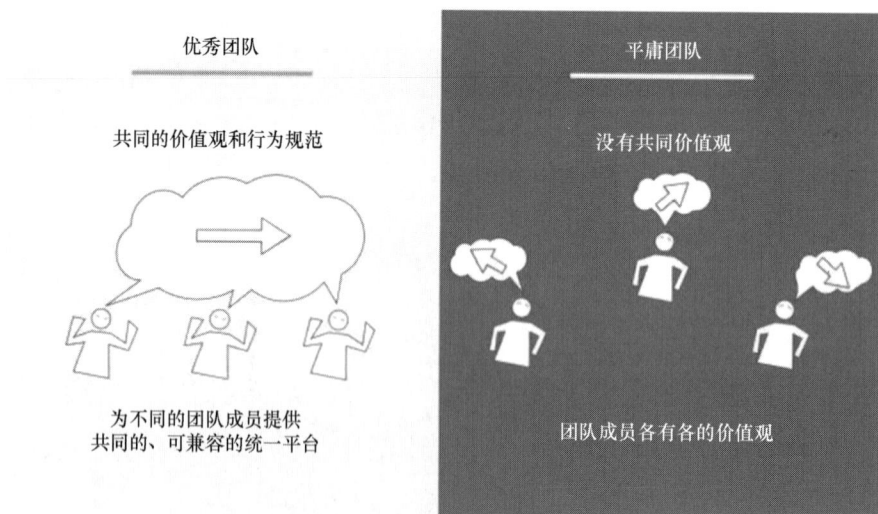

图 4-6　团队共同的价值观和行为规范

6. 团队成员的归属感

归属感是团队非常重要的一个特征，当成员有了对团队的归属感，他们就会自觉地维护这个团队，愿意为团队做很多事情，不愿意离开团队。团队成员的归属感如图 4-7 所示。

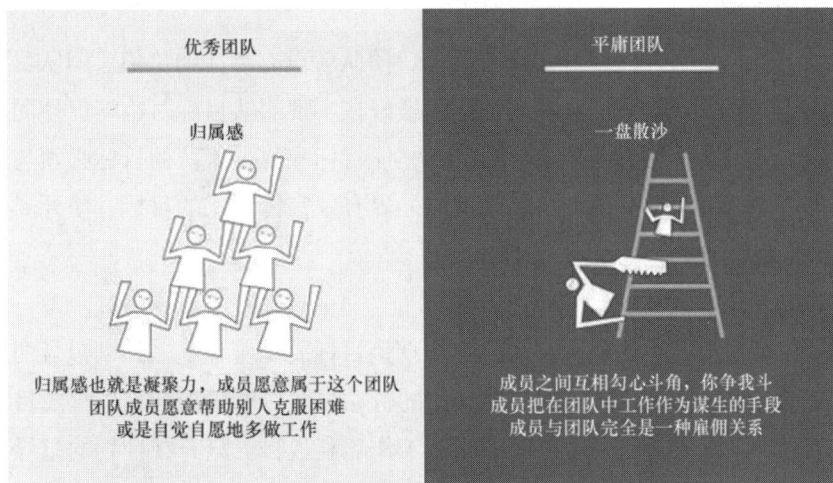

图 4-7　团队成员的归属感

7. 团队中有效的授权

有效的授权是形成一个优秀团队非常重要的因素，能够把成员之间的关系确定下来。团队中有效的授权如图 4-8 所示。

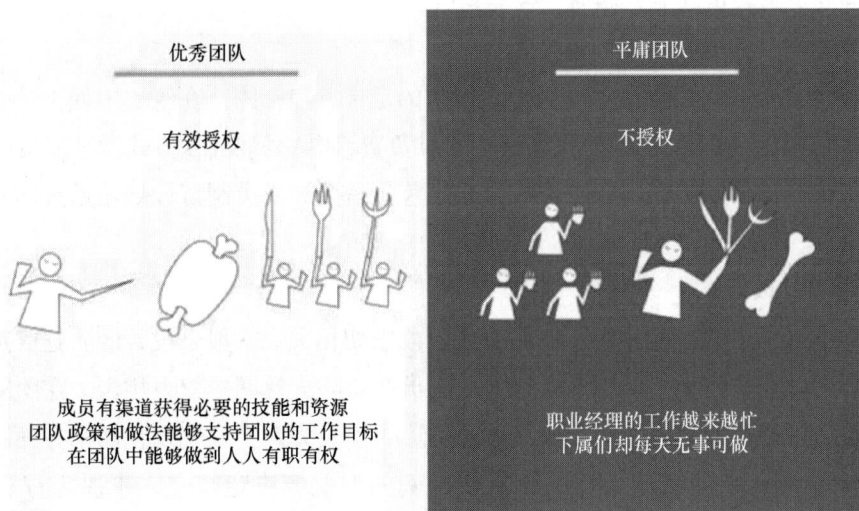

图 4-8　团队中有效的授权

（三）团队的构成要素

任何团队都包括 5 个要素，即清晰的目标（Purpose）、完善的计划（Plan）、合理的人员分工（People）、明确的定位（Place）和适当的权限（Power），简称"5P"。

1. 清晰的目标

团队必须有一个明确的目标。没有目标，团队就没有存在的价值。团队目标要能够有效地分解成每个团队成员要实现的目标，最好在实现团队目标时也能促使团队成员实现个人目标。团队成员的目标必须与团队的整体目标一致，团队的目标必须与组织的目标一致。同时，团队还应该积极拓展渠道向外界有效宣传自己的目标，使外界了解并支持团队实现目标。

2. 完善的计划

团队不仅有一个清晰的目标，而且有实现该目标的完善计划。计划包含两层含义：第一，想要最终实现目标，需要一系列具体的行动方案，可以把计划理解成目标的具体工作程序；第二，按计划推进可以保证团队工作顺利进行。只有在计划的指导下，团队才会一步一步地贴近目标，最终实现目标。

3. 合理的人员分工

人员是构成团队最核心的要素。团队目标是通过人员实现的，所以，人员的选择是团队中非常重要的一个工作。在团队中，可能需要有人出谋划策、有人制订计划、有人负责具体实施、有人协调不同的人员一起工作，还有人监督团队工作的进展、评价团队成员最终的贡献。不同的人员只有通过合理的分工，才能完成团队的最终目标。在人员选择方面要考虑人员的能力如何、技能是否互补、人员的经验如何等因素。

4. 明确的定位

明确的定位包含两层意思：第一，团队的定位，包括团队在组织中处于什么位置，由谁选择和决定团队的成员，团队最终应对谁负责，团队采取什么方式激励成员等；第二，个体的定位，包括成员在团队中扮演什么角色，是指导成员制订计划还是具体实施或评估等。

5. 适当的权限

团队领导者的权限大小与团队的发展阶段密切相关。一般来说，团队越成熟，领导者所拥有的权力应越小，即领导者与其他成员在团队成熟期的权力相当。在团队发展的初期阶段，领导权则应该相对比较集中。团队的权限关系主要表现在两个方面：第一，整个团队在组织中拥有什么样的决定权，例如，财务决定权、人事决定权、信息决定权等；第二，组织的基本特征，例如，组织的规模大小、团队的数量多少、组织对团队的授权大小、组织的业务类型等。

（四）团队的类型

团队可以从事各种工作，例如，从事生产、提供服务、处理谈判、协调项目、提出建议或做出决策。团队的类型是多种多样的，规模也有大有小，每种类型的团队都有明显的特征。根据团队存在的目的和拥有自主权的大小可以将团队分为问题解决型团队、自我管理型团队、多功能型团队和虚拟型团队 4 类。

1. 问题解决型团队

问题解决型团队是指组织成员就如何改进工作程序、方法等问题交换看法，对如何提高生产效率和产品质量等问题提出建议。它的核心是提高生产质量、提高生产效率、改善工作环境等。成员几乎没有实际权力来根据建议采取行动。

20 世纪 80 年代流行的一种问题解决型团队是质量圈，它分为 6 个部分：一是要找到在质量方面存在哪些问题；二是在众多问题中选择一些必须马上解决的；三是进行问题的评估——如果不解决可能会带来什么样的损失，这个问题的等级是重量级的还是轻量级的；四是推荐方案，要解决问题采取什么样的方式比较好；五是评估方案，看看是否可行，它的成本花费是多少；六是决策最终是否实施。

通常质量圈由 5～12 名员工组成，他们每周会着重讨论如何提升质量，他们可以对传统的程序和方法提出疑问。确认这一部分问题是由管理层实施的，团队成员没有权力确定问题出现在哪里，只能提出意见；第 2 个部分到第 4 个部分是由质量圈的成员操作的；最后两个部分需要管理层和团队成员共同把握。在这 6 个部分中，权力已经被分解，并不是所有的成员都有权力或有能力完成这 6 个任务。问题解决型团队如图 4-9 所示。

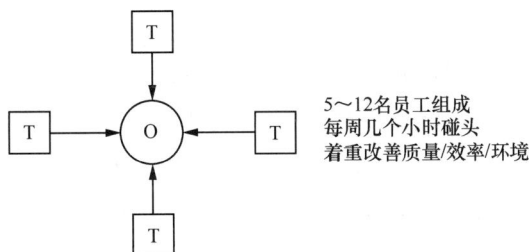

5～12名员工组成
每周几个小时碰头
着重改善质量/效率/环境

图 4-9 问题解决型团队

2. 自我管理型团队

组建问题解决型团队对提高企业绩效是行之有效的，但团队成员在参与决策方面的积极性不够，组织总是希望能建立独立自主、自我管理的团队——自我管理型团队。

自我管理型团队也称作自我督导型团队，一般由 10～15 名员工组成，这些员工拥有不同的技能，可以轮换工作。一般来说，他们的责任范围包括决定工作任务的分配、控制工作节奏、安排休息时间。

自我管理型团队甚至可以挑选自己的成员，并让成员相互进行绩效评估。自我管理型团队相比其他的团队有一定的独特性。第一，目标性。自我管理型团队的成员共同负责一个相同的团队目标，并为这个目标共同奋斗。第二，自我负责性。因为组织对自我管理型团队的干预比较少，所以给予了团队足够大的决策权和管理权，这要求团队成员对所属任务或目标的完成担负责任，并把这种责任分配到每个成员。第三，自我学习性。团队不断发展的过程就是不断学习的过程，团队成员通过不断自我学习和培训，弥补了成员之间的技能差异，并不断提升成员素质，促使每个成员都能实现自我管理，整体提升自我管理型团队的能力。第四，自我领导性。自我管理型团队模糊了领导者的概念，没有明确的领导者，换言之，每个成员都是领导者，有更多的自治和决策的权力。第五，良好的沟通性。自我管理型团队没有上下级之分，所有成员都在一个平等、开放的平台上沟通信息。自我管理型团队如图 4-10 所示。

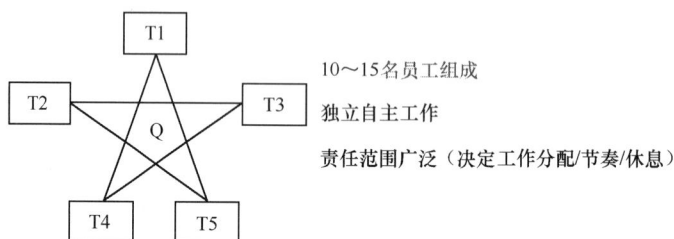

图 4-10　自我管理型团队

自我管理型团队源于 20 世纪 50 年代的英国和瑞典。目前，施乐公司、通用汽车、百事可乐、惠普公司等都是推行自我管理型团队的代表，大约 30% 的美国企业采用了自我管理型团队形式。

3. 多功能型团队

多功能型团队也称为跨职能团队，是由来自同一等级、不同工作领域的员工组成的，成员之间交换信息、激发新观点、解决所面临的一些问题。多功能型团队是一种有效的团队管理方式，它在实现隐性知识共享的过程中扮演着核心角色。同样，它也可以使团队中的每个成员在进行交流与沟通的同时，增长跨专业知识。多功能型团队的存在具有一定的意义，我们可以看到来自某具体职能外的团队成员能为需要解决的问题带来客观的视角和全新的思维，并形成创造性方案。多功能型团队如图 4-11 所示。

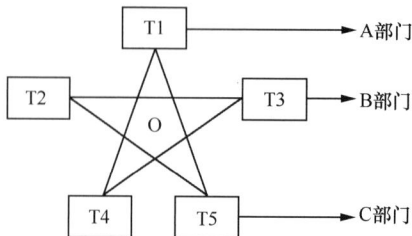

图 4-11　多功能型团队

例如，在 20 世纪 60 年代，IBM 公司为了开发卓有成效的 360 系统，组织了一个大型的任务攻坚队，任务攻坚队成员来自 IBM 公司的多个部门。任务攻坚队其实是一个临时性的多功能团队。但多功能团队的兴盛时期是在 20 世纪 80 年代末。当时，主要的汽车制造公司，包括丰田、尼桑、本田、宝马、通用汽车、福特、克莱斯勒等都采用了多功能团队来协调完成复杂的项目。

4.虚拟型团队

随着通信技术的普遍应用，一种新型的团队形式应运而生——虚拟型团队。虚拟型团队是一种以虚拟组织形式出现的新型工作组织模式，它只需要通过电话、网络、传真或可视图文来沟通、协调，并且分工完成特定的工作。换句话说，虚拟型团队是在虚拟的工作环境中，由开展实际工作的真实的团队成员组成，各成员能够在虚拟组织中相互协作，并提供更好的产品和服务。

（五）团队成员的角色

国际相关组织从团队成员性格和能力的角度对团队角色进行了深入而卓有成效的研究，并将团队成员总结为 8 种角色。

从团队成员性格和行为的角度可以将团队成员分成以下 8 种角色，团队成员的角色类型如图 4-12 所示。

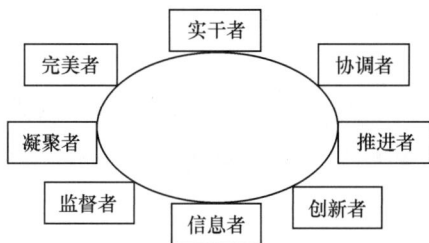

图 4-12　团队成员的角色类型

下面分别从角色描述、典型特征、作用、优点、缺点简单分析这 8 种角色。

（1）实干者

角色描述：实干者现实、传统甚至有点保守，他们崇尚努力，计划性强，喜欢用系统的方法解决问题；实干者有很好的自控力和纪律性，对团队忠诚度高，为团队整体利益着想而较少考虑个人利益。

典型特征：责任感强、效率高、守纪律，但比较保守。

作用：由于其可靠、高效率及处理具体工作的能力强，因此在团队中作用很大；实干者不会根据个人兴趣工作，而是根据团队需要来完成工作。

优点：有组织能力、务实，能把想法转化为实际行动；工作努力、自律。

缺点：缺乏灵活性，可能会阻碍变革。

（2）协调者

角色描述：协调者能够引导一群不同技能和个性的人向着共同的目标努力，他们代表成熟、自信和信任，办事客观，不带有个人偏见；更有一种个性的感召力，在团队中能很快发现各成员的优势，并在实现目标的过程中妥善协调成员。

典型特征：冷静、自信、具备一定的控制力。

作用：协调者擅长领导一个具有各种技能和个性特征的群体，善于协调各种错综复杂的关系，喜欢平心静气地解决问题。

优点：目标性强，待人公平。

缺点：个人业务能力可能不会太强，可能会将团队的努力结果归为己有。

（3）推进者

角色描述：推进者说干就干，办事效率高，自发性强，目的明确，有高度的工作热情和责任感；遇到困难时，总能找到解决办法；推进者大都性格外向且干劲十足，喜欢挑战别人，而且一心想取胜，是一个具有竞争意识的角色。

典型特征：挑战性、好交际、富有激情。

作用：推进者是行动的发起者，敢于直面困难，并义无反顾地加速前进；敢于独自做决定而不介意别人的反对。推进者是确保团队快速行动的有效成员。

优点：随时愿意挑战传统，厌恶低效率，反对自满和欺骗行为。

缺点：有挑衅嫌疑，做事缺乏耐心。

（4）创新者

角色描述：创新者拥有高度的创造力，思路开阔，观念新，富有想象力，是点子型的人才。他们爱出主意，其想法往往比较偏激和缺乏实际。创新者不受条条框框的约束，不拘小节，难守规则。

典型特征：有创造力、有些个人主义。

作用：创新者能提出新想法和开拓新思路，通常在项目刚刚启动或陷入困境时，显得非常重要。

优点：有天分，富有想象力，智慧，博学。

缺点：好高骛远，不太关注工作细节和计划，与别人合作本可以得到更好的结果时，却喜欢过分强调自己的观点。

（5）信息者

角色描述：信息者经常表现出高度热情，是反应敏捷、性格外向的人；他们的强项是与人交际，在交际的过程中获取信息；信息者对外界环境十分敏感，会最早感受到变化。

典型特征：外向、热情、好奇、善于交际。

作用：信息者有与人交往和发现新事物的能力，善于迎接挑战。

优点：有天分，富于想象力，智慧，博学。

缺点：当初的兴奋感消逝后，容易对工作失去兴趣。

（6）监督者

角色描述：监督者严肃、谨慎、理智，不会过分热情，也不易情绪化。他们与群体保持一定的距离，在团队中不太受欢迎。监督者有很强的批判能力，善于综合思考、谨慎决策。

典型特征：冷静、不易激动、谨慎、精确判断。

作用：监督者善于分析和评价，善于权衡利弊来选择方案。

优点：冷静、判别能力强。

缺点：缺乏超越他人的能力。

（7）凝聚者

角色描述：凝聚者是团队中最积极的成员，他们善于与人打交道，善解人意，关心他人，处事灵活，很容易把自己同化到团队中；凝聚者对任何人都没有威胁，是团队中比较受欢迎的人。

典型特征：合作性强、性情温和、敏感。

作用：凝聚者善于调和各种人际关系，在冲突环境中，其社交和理解能力会成为优势；凝聚者信奉"和为贵"，有他们在的时候，团队成员能更好地协作，团队士气更高。

优点：随机应变，善于化解各种矛盾，促进团队合作。

缺点：在危急时刻可能优柔寡断，不太愿意承担压力。

（8）完美者

角色描述：完美者具有持之以恒的毅力，做事注重细节，力求完美；他们不太可能去做那些没有把握的事情；喜欢事必躬亲，不愿授权；他们无法忍受那些做事随随便便的人。

典型特征：埋头苦干、守秩序、尽职尽责、易焦虑。

作用：对于那些重要且要求高度准确的任务，完美者起着不可估量的作用；完美者在管理方面崇尚高标准、严要求，注意准确性，关注细节，坚持不懈。

优点：坚持不懈，精益求精。

缺点：容易为小事而焦虑，甚至吹毛求疵。

综上所述，实干者善于行动，团队中如果缺少实干者，就会太乱；协调者善于寻找到合适的成员，团队中如果缺少协调者，领导力就会不强；推进者善于让想法立即变成行动，团队中如果缺少推进者，工作效率就会不高；创新者善于出主意，团队中如果缺少创新者，思维就会受到局限；信息者善于发掘最新"情报"，团队中如果缺少信息者，就会比较封闭；监督者善于发现问题，团队中如果缺少监督者，工作绩效就会不稳定甚至可能大起大落；凝聚者善于化解矛盾，团队中如果缺少凝聚者，人际关系就会变得紧张；完美者强调细节，团队中如果缺少完美者，工作就会比较粗糙。

🔍 **小故事**

软件项目团队的分工配合

实干者适合做模块设计、编写程序等工作；协调者适合做项目管理工作；推进者适合做对项目进度影响较大的工作；创新者适合做系统架构设计工作；信息者善于做需求调研工作；监督者适合做软件质量保证和测试工作；凝聚者适合做团队建设工作；完美者适合做需求、设计等一些重要产出物的评审工作。

对于企业而言，团队协作的重要性主要体现在以下3个方面。

一是团队协作有利于提高企业的整体效能。通过发扬团队协作精神，加强团队协作建设，能进一步减少内耗。如果总是把时间花在界定责任，让客户、员工团团转，就会减弱企业员工的亲和力，损伤企业的凝聚力。

二是团队协作有助于企业目标的实现。企业目标的实现需要每一个员工的努力，具有团队协作精神的团队很尊重成员的个性，重视成员的不同想法，激发团队成员的潜能，真正使每一个成员参与到团队的工作中，风险共担，利益共享，相互配合，完成团队的工作目标。

三是团队协作是企业创新的巨大动力。人是各种资源中唯一具有能动性的资源。企业的发展必须合理配置人、财、物，而调动人的积极性和创造性是资源配置的核心，团队协作就是合理地调动人的智慧、力量、经验等资源，使之产生最大的规模效益。

（六）团队建设的方法

高效团队建设中最常用的方法就是5W1H，即 Who（我们是谁）、Where（我们在哪里）、What（我们成为什么）、When（我们什么时候行动）、How（我们怎样行动）、Why（我们为什么行动）。

1. Who

即团队成员的自我深入认识，明确团队成员具有的优势和劣势、对工作的喜好、问题的解决方式、基本价值观差异等。通过这些分析，在团队成员之间形成共同的信念和对团队目标的一致看法，以建立团队运行的规则。

2. Where

每个团队都有其优势和弱点，而团队既要成功完成任务，又要面对外部的威胁与机会，通过分析团队所处的环境来评估团队的综合能力，找出团队目前的综合能力与团队要达到的目的之间的差距，以明确团队如何发挥优势、回避威胁及提高迎接挑战的能力。

3. What

即以团队的任务为导向，使每个团队成员明确团队的目标、行动计划。为了能够激发团队成员的激情，应树立阶段性目标，使团队的任务目标看得见、摸得着，创造出令成员向往的目标。

4. When

合适的时机采取合适的行动是团队成功的关键。当团队遇到困难或障碍时，团队应当适时地予以分析和解决，尤其是在面对内外冲突时，应在什么时机解决，以及在何时、何地取得相应的资源支持等，都必须因势利导、因时制宜。

5. How

怎样行动涉及团队运行的问题，即团队内部如何进行分工，不同的团队角色应承担的职责、履行的权力、协调与沟通等。因此，团队内部各个成员之间应有明确的岗位职责描述和说明，以建立团队成员的工作标准。

6. Why

这个问题目前在很多团队建设中都容易被忽视，这可能也是导致团队运行效率低下的原因之一。团队要高效运作，必须让团队成员清楚地知道他们为什么要加入这个团队，这个团队运行的成功与失败对他们来说意味着什么，以此增强团队成员的责任感和使命感。我们常常讲的在团队建设中引入激励机制，可以是团队荣誉、薪酬或福利、职位晋升等。

（七）团队合作技巧的提升

沟通是构建团队精神的桥梁。团队发展离不开团队成员的合作。作为团队中的一员，应以自己的思想情感、学识修养、道德品质、处事态度和举止风度来赢得团队其他成员的尊重，但也可以通过运用一些团队合作技巧与其他同事融洽相处，提升团队的合作能力。

1.团队成员间要善于沟通协调，建立起良好的人际关系

有人曾说，如果世界上的人都能很好地沟通，那么就不会引起误解、发生战争。

卡耐基说："一个职业人士的成功75%靠沟通，25%靠天才和能力。"美国哈佛大学做了个实验，从小孩上小学起开始跟踪观察，从小就与校长沟通的小孩，长大后成功的概率很高。而良好的内部人际关系可促进并提高团队的凝聚力，强大的凝聚力又推动高昂的团队士气，从而构建出一个优秀的团队。

2.低调处理自己在团队中的位置

个人的知识和能力是有限的，依靠和利用团队成员的知识、经验和能力共同完成项目是明智的选择。当员工表现得比领导者还优秀时，他们就会有一种被肯定的感觉。

反之，他们就会产生一种自卑感，甚至对领导者产生敌对情绪。因为大家都在不自觉地强烈维护着自己的形象和尊严。所以，对自己要轻描淡写，要学会谦虚谨慎，只有这样，才会受到别人的欢迎。

案例讨论

相互取暖的刺猬

天气变寒冷后，刺猬就会聚集到一起取暖。但因为它们浑身都长满了尖刺，如果靠得太近，反而会伤及彼此；离得太远，又达不到相互取暖的效果。于是，刺猬就微妙地保持着一个"安全距离"，有了这个"安全距离"的存在，它们既不会扎到对方，又能达到取暖的目的，非常神奇。

这个故事对我们有哪些启发？

一要学会团结协作。面对冬天的寒冷，刺猬没有孤身伫立于寒风中，而是选择"抱团取暖"，借助同伴的力量达到保暖的效果，它们正是由于团结一致、相互协作，才能避免遭受凛冽寒风的侵袭。"泰山不让土壤，故能成其大；河海不择细流，故能就其深"。只有团结一切可以团结的力量，才能产生强大的凝聚力、战斗力、生产力，才能实现效益的最大化。"懂团结是真聪明，会团结是真本领"，团结可以把指头变成拳头，集中力量办大事。

二要学会把握分寸。刺猬在取暖的过程中必须保持一定的距离，才不会被彼此刺伤。我们在工作、生活中要时刻把握做事的分寸，不能激进、冒进，要注意适度的原则。古人云："不欲极饥而食，食不过饱；不欲极渴而饮，饮不过多。"也说明了世间万事不可过度、物极必反的道理。"强极则损，弓满则折"说明做事不能一味逞强，要注意掌握分寸、把握尺度。与人交往也是一样，疏而生间，密而生恶，保持一个适度的"距离"，才能保证交往常存、感情常温，这就是距离产生美。

三要学会尊重规律。"抱团取暖"是刺猬根据自身特质摸索出的有效的取暖方式，并且代代相传，一旦到了冬天，它们就会自然"条件反射"地用这种方式取暖，这是一种客观规律。《荀子》中有这样一句话："天行有常，不为尧存，不为桀亡。"自然规律从来不会因个人而改变，而需要人类去认知规律、顺应规律、利用规律。

3. 善于化解团队中的矛盾，构建和谐团队

一般而言，你与同事有点小摩擦、小隔阂，是很正常的事。新组装的机器，各零件之间尚有不适应的问题，通过一定时期的使用，把摩擦面上的加工痕迹磨光而得以更加密合，这就是磨合效应。但千万不要把这种"小不快"演变成"大对立"，甚至成为敌

对关系。你对别人的行动和成就表示真正的关心，是一种表达尊重与欣赏的方式，也是化敌为友的纽带。

　　研究表明，一个团队如果冲突太少，就会导致团队成员之间冷漠、互不关心，从而使团队墨守成规、停滞不前，缺乏创意，工作效率低下；如果团队有适量的冲突，就会提高团队成员的兴奋度，激发团队成员的工作热情，提高团队的凝聚力和竞争力。如果同事对你的错误大加抨击，即使带有强烈的感情色彩，也不要与之争论不休，而应从积极的方面来理解他的用意。这样，不仅对你改正错误有帮助，也避免了语言敌对场面的出现。

案例讨论

"孙老虎"没发威

　　孙梨是一家公司的副总，做起事来雷厉风行，绝不拖泥带水，手下的人都很惧怕他，背地里叫他"孙老虎"。一次，孙梨给下属小李打了一个电话，布置了一项重要且复杂的任务，并要求小李3天后给出结果。对孙梨布置的任务，小李自然是满口答应下来，可一挂电话，他就开始不满起来："这个任务怎么可能3天就做完呢？真不是人做的。"刚说完，小李一转头突然发现孙梨就站在自己背后看着自己。原来孙梨刚才布置完任务之后，觉得有些细节不够清楚，就想直接过来当面嘱咐小李几句，结果碰上抱怨的小李。小李心里顿时感觉像腊月里被浇了一桶冷水，呆呆地看着孙梨。不料，孙梨只是对他笑了笑："小李，我刚才电话里没法讲得特别仔细，这里刚好有我以前研究过的一些材料，你拿去看看，有什么问题再来找我。"说完，孙梨转身进了办公室。孙梨并没有像他想象中那样找他麻烦，还在工作中帮他指出了其中的问题，让他不断完善。

　　这个故事对我们有哪些启发？

4.平等对人，真诚待人

　　老员工有经验，新员工有朝气，大家都是工作链上的一个环节，仅凭一个人的力量都无法完成工作。你真心待人，人家也会真心待你，你所"取"如何，就看你所"予"如何。施米特定理认为，成功的上司不一定是专权的人，也不一定是放权的人，而应该是在一定具体情况下善于考虑各种因素、采取恰当行动的人。"爱人者人恒爱之，敬人者人恒敬之"。别人不爱你、不敬你，你不要责怪别人，请先问问自己是否爱别人、敬别人。我们常说的"将心比心"，其实就是要我们在某些特定的时候进行换位思考，尤其是团队领导者在教导、批评团队成员时，一定要注意分寸，不可太重，太重了成员承受不了；但也不能太轻，太轻了起不到警醒的作用。

案例讨论

伟大的彼得大帝

彼得大帝作为俄国王位的继承者，也是通过难以想象的艰苦努力才坐上王位的。他比其他王室成员更经常脱下宫廷服装，穿上工作服。他26岁时，开始周游其他国家，向那些国家的优秀人才学习。在荷兰，他自愿当一位造船师的学徒；在英国，他在造纸厂、磨坊、制表厂和其他工厂工作。他不仅细心地揣摩学习，而且像普通工人一样干活、拿工资。在伊斯提亚铸铁厂，他用一个月的时间来学习冶炼金属，最后一天他铸造了约295千克的铁，把自己的名字铸在上面。那些陪同他出访的俄国贵族子弟，连想都没想过做这样的苦工，最后得到3个戈比的报酬，但是工头却付给彼得大帝18个金币。彼得大帝说："我并没有比普通工人做更多的事，你给别人多少，就给我多少吧！我只想买一双鞋。"彼得大帝这样的领导者尚且以平常心对待工作、平等待人，我们更应真诚待人，与团队成员和谐相处。

这个故事对我们有哪些启发？

@ 强化训练

1. 实训目标

（1）加深对团队和团队合作的理解。

（2）结合实际，理解怎样才能进行团队合作？

2. 实训内容和方法

（1）以案例中的林静伟为例，谈谈你对团队合作的认识。

（2）结合实际，谈谈怎样才能进行有效的团队合作？

小故事

鹰一样的个人，雁一样的团队

林静伟是一家美容公司的品牌总监，在这家公司已经工作了6年。她的同学和朋友都为她能在一家公司工作这么长时间感到奇怪。因为据大家的了解，静伟是个比较清高和强势的人，虽然是个女孩子，但团队意识比较差，喜欢独来独往，做事情有点执着。她在来这家公司前，曾创造过一个月换一家公司的纪录。她身边的人偶尔见到她，打招呼就是"现在在哪儿上班啊？"

　　说到发生在静伟身上的奇迹，不得不说静伟的上司杨阳。杨阳是前品牌总监，负责整个市场。静伟刚到公司时，杨阳就发现了静伟的团队合作意识差，不能积极帮助能力稍弱一些的同事，甚至有点眼高手低。而静伟天天问杨阳什么时候给她转正，杨阳同意给她转正，但前提是要她和另外一位新来的督导友好"竞赛"一下，同时让她们去负责即将开业的店面，看谁的业绩好，杨阳承诺连赛 3 次，谁的业绩连胜两次为赢。静伟一听就表示这太容易了，因为她觉得那位新来的督导和自己没法比。

　　谁知第一场比赛下来，按开业前 3 天的业绩来算，静伟竟然失败了。回到公司，团队开会分析原因，原来是静伟负责的甲店，90% 的销售都是静伟自己完成的，而那位督导负责的乙店，每位美容师几乎都有或多或少的销售，静伟的能力当然高于那位督导，但整体之和大于个体，总体业绩一算，失败一目了然。

　　静伟不服气，又说是甲店招聘的美容师本身能力就弱于乙店。杨阳就说："第二次比赛的区域和店面让你随便挑，这样总没话说了吧！"静伟认为第二次绝对不能输，就详细研究了各个店的情况，最后"精心"挑选了一个软硬件实力都很强的店面。

　　谁知人算不如天算，当你做一件事是抱着不正当的目的时，似乎总会得到一些小小的"惩罚"。静伟因为对美容师要求太高，又不讲究工作方法，对一位美容师批评得太狠，结果这个美容师大骂一场后在开业前一天辞职了。虽然只走了一个人，但其他美容师的心理状态都受到了影响，见了静伟都唯唯诺诺，离得远远的，对顾客的服务质量也大打折扣。而且开业的时候天公不作美，连续下雨，所以静伟这次比赛又失败了。

　　输了两次，按说静伟该分析一下自己的问题，但她还是不服输，向杨阳要求继续比赛。杨阳为了让她真正意识到自己的问题，就答应了她再比一次的要求，结果当然还是静伟失败了。直到一位热心的美容师对她说："林老师，你的能力真的很强，我们也都觉得你不错，但和你合作总感觉不太开心。"

　　静伟这才有所醒悟。静伟向杨阳提出了辞职，杨阳没有立刻答应，而是问她愿不愿意接受公司重新对她进行工作安排，如果这些工作做得好，她还有机会晋升和加薪；当然，如果她接受不了，可以选择离开。静伟本来觉得通过这些事，公司肯定会辞退她，没想到公司并没有放弃她，于是同意接受公司的工作安排。

　　但让她没想到的是，公司安排给她的"工作"竟然是这样：先是把她"连降三级"，让她和新来的、没有任何经验的员工一起到学校"从零开始"，学基本手法、学企业文化……静伟快崩溃了，自己是熟手、"老"人，自己早就会这些了。但杨阳说她的手法不太标准，可能是很久不做服务生疏了，所以一定要补……就这样，静伟几乎是"忍辱负重"地接受改造和培训，她好几次都想走，但想到要为自己争一口气，还要继续竞赛，用实力证明自己，就坚持了下来。从一线的美容学员开始，到美容师、美容导师……一年过去了，大起大落的经历让她幡然醒悟，原来督导的工作是要这样做的。她学会了换位思考，学会了帮助别人，学会了分配工作，学会了因材施教，学会了调动情绪，学会了用鼓励代替批评、用表扬代替谴责。现在的静伟成熟、理性，也平和了，成为公司最有实力的员工之一。

作为一名员工，心态是很重要的，这是林静伟在走过很多弯路后的心得。如果你一味地感觉公司对不起你，感觉同事能力都不行，只有自己最能干，那就很危险。但年轻的刚进入职场的人往往都会有这种心态，或者认为做成一项工作，自己的功劳最大。"个人英雄主义"其实是好的，这说明你的个人能力强，但现代企业需要的是"鹰一样的个人，雁一样的团队"，而不是"鹰一样的个人，独来独往的团队"，在要求个人能力之外，还要求团队合作意识。所以，员工的心态就很重要。心态不好，具有个人英雄主义的员工，只能成功一时，因为他做出的成绩只能代表他自己，整个团队的失败，也是他的失败。而心态好的人就有可能成功一世，因为心态好的员工即使能力稍微差一些，也有可能做出成绩，这样的人忠诚、勤奋，所有人都会看到他的努力，会去帮助他、配合他，这样团队才有可能协作，做出成绩。成功与否，心态使然。

🔍 案例讨论

丽嘉卡尔顿酒店是全球知名的豪华酒店之一，以优质的服务著称。20世纪90年代初，公司因缺乏创新而危机四伏。正如总裁舒尔茨所说："如果认为保持现状就可以，那简直是太荒唐了。任何一个公司都有可能比我们做得好。要是我们跟不上别人的发展，我们很可能会被吞并。"

于是，一场组织变革不声不响地开始了，这个变革以丽嘉泰森角宾馆为试点。1993年4月的一个早晨，这里的员工收到一个通知："我们正在进行一项新的试验，需要每位员工的参与。从明天开始我们这里不再有经理只有团队，你不再有上级。""愚人节刚过啊，不会还有恶作剧吧？"大家不敢相信这是真的。

没错，这是事实。公司已经成立了不同的团队，每个人所属的团队已经在通知里说得清清楚楚。这些五花八门的团队包括抵达前团队、抵达—离开团队、停留团队、烹饪团队、宴会团队、饭店服务团队、晚餐服务团队、操作支持团队、指导团队等。大家不知所措地忙碌起来，抵触情绪非常明显，但是泰森角宾馆负责人还是强制执行这场变革。

失败的变革结果令人震惊。这里的每个团队成员都摸不着头脑，不知道谁应该对什么负责，各自努力的方向也互不相同。员工私下相互打听，想知道公司这样做是要干什么。他们不停地抱怨"团队太庞大，从来都没有清晰地对团队目标做过解释，责任的问题也没有说明，没有上级，那谁来负责"。在此后的 3 个月里，前台人员的流动率是 100%，门童服务人员的流动率是 200%，服务非常糟糕。

泰森角宾馆认识到了错误，决定重新开始。首先宾馆向员工介绍组织变革以及组建团队的原因，通过循序渐进的方式使大家在观念上能够愉快地接受变革，支持团队建设。其次是对团队进行充分的授权，以前一些管理者承担的任务现在由团队成员去做，通过授权使团队能够更灵活地工作，高效地完成任务。泰森角宾馆加强了对员工的培训。门童服务团队是泰森角宾馆组织变革中进步最快的团队，培训起了重要作用。员工认识到自己首先必须学习如何成为一名团队成员。组建团队的方式之一是让成员在每件事上都有同等的发言权。

最初进行团队建设时，大部分人的目标都是完全从方便自己的角度出发的。我们只有个人层次的目标，缺少整体的目标。在进行到一半的时候，管理者突然明白：这些为了团队成员个人便利的目标不会给酒店带来什么好处，但如果我们把目标联合起来，我们不但会达到个人目标，还能最终实现团队目标。最后，团队成员每个人都对团队建设过程深有感触。

现在，团队建设已经普及整个酒店。大家恢复了过去的从容并且增加了自主性，工作的积极性和自信心倍增。客人也体会到一种积极向上的氛围，旅途和工作的疲劳很快被令人愉悦的服务和气氛消融，他们感到十分舒适，连咖啡和糕点也显得格外亲切。

丽嘉卡尔顿酒店通过变革以前传统的等级结构化组织，变成了以团队为基础的组织。公司的目标分解为团队及其成员的目标，同时团队成员得到充分的培训、授权，感觉到自己是组织不可分割的部分，并可以按照自己的思想、自己的意见改进工作方式完成任务，自我约束与成就感更强了。团队成员之间充分信任，彼此承诺以高效的协作实现目标，大家不需要过去的监督与控制，工作氛围更加和谐，他们的微笑服务更加真实。酒店焕发出新的生命力，也提高了顾客满意度。

思考：根据上述案例，谈谈团队对组织发展的作用，以及团队个体如何决定团队命运。

思考练习

1. 请谈一谈团队中自我介绍的方法。
2. 请运用 SWOT 原理进行自我分析。
3. 浅谈团队的构成要素。
4. 简述如何构建新团队。

5. 简述与领导沟通的技巧。

拓展训练

迷失丛林

通过开展具体的活动项目，让学生感受到团队的智慧一般高于个人智慧的简单相加。只有充分发挥团队成员的力量，才可以获得更好的效果。

操作程序如下。

步骤1：职业导师把"迷失丛林"工作表发给每位学员，而后讲下面这段故事。

你是一名飞行员，但你驾驶的飞机在飞越非洲丛林上空时突然失事，这时你们必须跳伞。与你们一起落在非洲丛林中的有14样物品，这时你们必须为生存做出一些决定。

在14样物品中，先以个人形式把14样物品以重要的顺序排列出来，把答案写在第一栏。

当大家都完成之后，培训师把全班学员分为5人一组，让他们开始讨论，以小组形式把14样物品按重要次序再排列一次。把答案写在工作表的第二栏，讨论时间为20分钟。

当小组完成之后，培训师把专家意见表发给每个小组，小组成员把专家意见填入第三栏。

用第三栏减第一栏，取绝对值得出第四栏。用第三栏减第二栏得出第五栏，把第四栏累加起来得出个人得分，第五栏累计起来得出小组得分。

步骤2：讨论环节。

① 个人的得分高还是小组的得分高？为什么？

② 你的小组是以什么方法达成共识的？

③ 你的小组是否出现意见不统一的现象，是怎么解决的？

④ 你在这个游戏中的感受是什么？

项目总结

随着班级企业化管理模式的推进，学生在准企业中担任相应的职位后，又面临更多的实际问题，而这些问题对个体的能力提出了更高的要求，进入新环境如何做出让人印象深刻的自我介绍、理解团队的构成和成员承担的角色、学会与领导者沟通交流和积极打造有竞争力的团队是本项目的重点培养目标。本项目通过SWOT原理的讲授，提供给学生一种全新的自我介绍模式，有助于学生快速融入班组织。与此同时，还对与领导者沟通的技巧和建立新团队进行了详细的阐述，有利于培养学生的团队精神。

第五章

打造职场胜任力

项目简介

项目背景

公司热火朝天地经营了半年，一切仿佛有条不紊地进行着。有一天公司财务人员找到李木子，告诉她这半年财务支出缺乏规划性，导致公司最近的资金链出现了问题，流动资金不够，这个月的员工工资估计要延后 3 天发放。这时，员工的个人财务问题也随之凸显，因为缺乏合理的理财观念，很多员工没能平衡自己的收支。针对这个问题，职业导师计划对全体员工进行一次关于个人财务管理的培训。同时，管理人员紧急召开了会议，制定了一系列的公司财务管理规范并及时调整了公司发展的相关政策。

在工作过程中，李木子慢慢发现了由于信息的封闭，难以掌握市场的最新动态的问题。例如，王小强想了解一下 ICT 市场的新动态，以便更好地把握企业的发展动态；人事经理想了解同行业内人事招聘的薪资与要求……应该从哪里获取这些信息资源呢？另外，李木子还发现大家思维格局偏向固定化，有时候跟不上互联网发展的速度。针对这些问题，职业导师进行了一次有针对性的内部培训。

项目目标

① 了解个人理财的重要性。

② 制订个人财务管理计划。

③ 了解并看懂公司的现金流量表与利润表。

④ 了解主要税种和企业常见的涉及缴纳的税种。

⑤ 了解信息检索的作用与分类。

⑥ 掌握信息检索的小技巧。

⑦ 了解互联网思维的 4 个特征。

⑧ 理解互联网九大思维的内容。

⑨ 应用互联网思维去分析、解决问题。

知识图谱

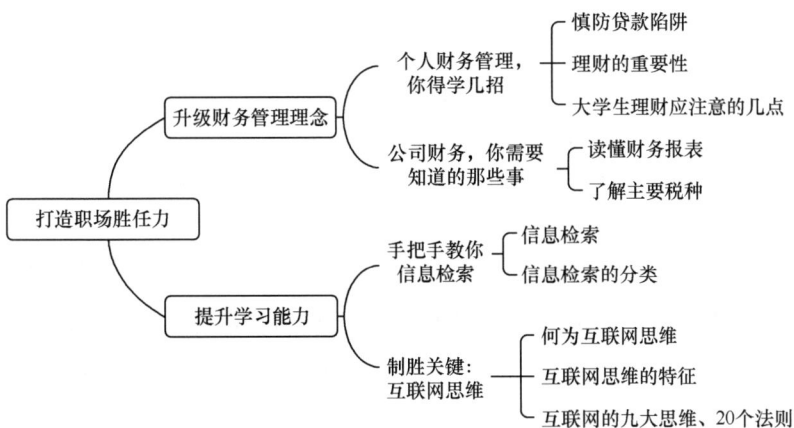

·任务一· 升级财务管理理念

一、个人财务管理，你得学几招

案例讨论

算算你的生活成本是多少。根据个人的衣、食、住、行算出每个月的生活成本，并结合每个月的生活费用和额外的兼职收入，分析一下每个月的收支情况。

（一）慎防贷款陷阱

2017 年 9 月 6 日，教育部明确发布"取缔校园贷款业务，任何网络贷款机构都不允许向在校大学生发放贷款"。但在此之后，仍有部分互联网金融平台悄悄向大学生提供贷款业务，高利贷等手段更是层出不穷。

（二）理财的重要性

理财，可以说是对自己人生的一种长远规划。大学生毕业后进入社会，将面临买房、结婚、生儿育女等一系列问题，这些都和金钱有着密切的关系。所以，对大学生来讲，在大学期间学会理财很重要。

国外也非常重视理财方面的教育。很多不想为理财伤脑筋的人总以为：把钱放定存就好了，每年有固定利息，又不用为理财忙东忙西，何乐而不为？但是每年的通货膨胀率可能会使金钱的"实质购买力"下降。当每年的通货膨胀率高于定存利率时，就代表金钱的价值缩水了。

小贴士

培养孩子的理财观

在我国，部分家长为培养孩子的理财观会给孩子开设理财账户，给自己的孩子发放零用钱，他们认为，即便是小孩子，也会有各自特殊的消费需要，同样需要一笔开销，对此家长理应予以尊重和支持。父母在孩子三四岁的时候就开始对他们进行"家庭理财课程"的教育，让他们学会区分不同金额的钱币，明白金钱与购买之间的"有机关系"，让他们不知不觉地建立理财的意识。

这些家长认为，让孩子早早拥有属于自己的"私房钱"，有利于培养孩子在经济上的独立性。他们大多在孩子10岁左右，就给孩子设立个人的独立银行账户，并划入一笔钱，而且这笔钱是不菲的，有的会有上千元甚至上万元。他们之所以这样做，是想让孩子从小就学会理性、科学地理财，而不是机械、盲目地理财。

（三）大学生理财应注意的几点

1. 清楚了解个人财务状况并做好梳理记录

大学生在理财时，首先需要做的就是清楚地了解自己的财务状况，做好梳理记录。例如，要清楚地知道每个月个人生活费的具体数额其中多少是拿来做日常开支的，还有多少钱可剩余，如果自己还会通过兼职赚钱，也需要全部做好记录。只有清楚地知道自己的财务情况，才能有计划地理财。

2. 注意开源节流

大学生在学校里的消费基本上以日常消费为主，开源节流这并不是说让你尽量节约钱，本来需要买的东西也不买。但是需要注意的是，不要花钱大手大脚，要尽可能地量入为出，在保证学习和基本生活品质的情况下，减少购买一些不必要的东西，做好开源节流，这样才能更好地积累财富。

3. 理性消费，拒绝透支

大学生应正确认识信用卡的功能，合理使用信用卡，树立科学的消费观念，做到理性消费。

4. 坚持强制储蓄

巴菲特从6岁开始储蓄，每月30元。到13岁时，他已经存储近3000元，他用这些钱买了一只股票。他年年坚持储蓄，年年坚持投资，十年如一日，坚持了80年。

　　大学生在理财时可以在开源节流的基础上，根据自己的情况确定一个数目并且每个月进行储蓄，长久坚持，就能积少成多，积累一定的财富。良好的理财习惯将让人受益一生。

5. 培养自己理财的意识和理念

　　大学生正处在人生最好的年华，也是学习能力最强的阶段，此时培养自己的理财理念是最合适的。利用空闲时间阅读理财书，可以形成自己的理财意识和理念，为今后步入社会制订理财计划打下基础。

6. 设定合理的理财目标

　　要结合自身的实际情况设定合理的理财目标。学生在刚开始理财的时候可以设立比较小的目标，例如，在满足日常开支、购物等方面的情况下，如果还有部分结余，则将其作为自己步入社会后的理财资金。

二、公司财务，你需要知道的那些事

说说看

　　找工作、找合作企业，最怕遇到空壳公司，这些公司表面华丽，实际上可能负债累累。这就要求我们找工作或找合作企业时，擦亮眼睛，懂得分析企业的经济实力、发展潜力，以免上当受骗。那么我们作为企业外的人员，应该如何分析该企业的总体财务状况呢？

（一）读懂财务报表

　　财务报表是对企业财务状况、经营成果和现金流量的结构性表述，是为了了解企业的真实经营状况服务的。

　　作为职场新人，我们应该从以下 3 个方面了解企业：一是企业的财务状况，二是企业的经营成果，三是企业的现金流量。主要是了解企业目前有多少钱和欠多少钱；要了解企业这段时间是赚钱了还是赔钱了，如果赚钱了，赚了多少钱，如果赔钱了，赔了多少钱；要搞清楚这段时间企业经手了多少钱，收入了多少钱，支出了多少钱。其中，资产负债表可帮助我们了解第一个问题，利润表可帮助我们了解第二个问题，现金流量表可以让我们了解第三个问题。

1. 资产负债表

　　资产负债表主要是告诉我们，在出报表的某一日期公司资产负债情况。这张报表中遵循的原则是资产等于负债加上所有者权益，即企业现在拥有的一切不外乎源于两个方面：一个是本来就是自己的，另一个是借来的。目前，企业拥有的一切叫资产，而借来的钱就是负债，自己通过经营赚取的叫作权益。

（1）资产项目

在资产中最应该注意以下两个科目。

第一个是应收账款。应收账款是指企业在正常的经营过程中因销售商品、产品，提供劳务等业务，应向购买单位收取的款项。简单来说，就是东西卖出去了，但还没有收到客户的钱。对这个项目的关注主要是出于对现金流入风险的考虑。对这个项目的关注，一是从金额的大小来看，金额越大，风险越大；二是看应收账款的时间长短，也就是这个钱已有多长时间没有收回了，拖的时间越长，客户不还的可能性就越大；三是看是谁欠的钱，看一看这个欠钱公司还钱能力有多强，分析一下这个公司的销售能力、产品盈利能力和现金流量等。

第二个是存货。所谓存货，主要包括各类材料、产品半成品或产成品等。存货的多少，反映资金的流动性。

（2）负债项目

在负债项目中需要注意短期借款、应付账款和应交税金。这3个科目的金额越大就说明企业债务负担越重，会影响企业生产规模的扩大。

（3）所有者权益

在所有者权益中需要注意实收资本，要清楚主要的投资人或股东都有谁，都投了多少钱，占总投资额的比例。

资产负债表示例见表5-1。在表5-1中，我们还应着重关注一下企业的偿债能力。最能直观体现企业偿还到期债务能力的是流动比率、资产负债率和产权比率。

① 流动比率 =（流动资产合计 ÷ 流动负债合计）× 100%。流动资产包括货币资金、交易性金融资产短期投资、各种应收应付账款和存货等。流动资产比往年增加，表明公司的支付能力与变现能力增强。流动负债包括短期借款、应付账款、应付利息和预收账款等。流动比率越高，说明企业短期内偿还债务的能力越强。

② 资产负债率 =（负债总额 ÷ 资产总额）× 100%。资产负债率越低，说明企业长期内偿还债务的能力越强。

③ 产权比率。产权比率 =（负债总额 ÷ 所有者权益总额）× 100%。产权比率越低，说明企业长期内偿还债务的能力越强。

表5-1　资产负债表示例

公司名称：　　　　　　　　　　年　月　日　　　　　　　　　　单位：元

资产类	年初数	期末数	负债及积益类	年初数	期末数
流动资产：			流动负债：		
货币资金			短期借款		
短期投资			应付票据		
应收票据			应付账款		

（续表）

资产类	年初数	期末数	负债及积益类	年初数	期末数
应收股利			预收账款		
应收利息			其他应付款		
应收账款			应付工资		
预付账款			应付福利费		
应收补贴款			应付股利		
其他应收款			应交税金		
存货			其他未交款		
待摊费用			预提费用		
一年内到期的长期债券投资			预计负债		
其他流动资产			一年内到期的长期负债		
流动资产合计			其他流动负债		
长期投资:			**流动负债合计**		
长期股权投资			长期负债:		
长期债权投资			长期借款		
长期投资合计			应付债券		
其中:合并价差			长期应付款		
固定资产:			专项应付款		
固定资产原价			其他长期负债		
减:累计折旧			**长期负债合计**		
固定资产净值			递延税项:		
减:固定资产减值准备			递延税款贷项		
工程物资			负债合计		
在建工程			**少数股东权益**		
固定资产清理			所有者权益或股东权益:		
固定资产合计			实收资本		
无形资产及其他资产			减:已归还投资		
无形资产			实收资本净额		
长期待摊费用			资本公积		
其他长期资产			盈余公积		
无形资产及其他资产合计			其中:法定公益金		
递延税项:			未分配利润		
递延税款借项			**所有者权益合计**		
资产总计			负债及权益合计		

单位负责人:　　　　　　　　　　　　　财务负责人:　　　　　　制表人:

2. 利润表

利润表也叫损益表、收益表。利润表反映某一时期的利润分配情况，将期初未分配利润调整为期末未分配利润，并列入资产负债表。利润表有两种形式：单步式利润表（见表 5-2）和多步式利润表（见表 5-3）。

表 5-2　单步式利润表示例

项目	本月数	本年累计数
收入类：		
主营业务收入		
其他业务收入		
投资收益		
营业外收入		
收入合计		
费用类：		
主营业务成本		
主营业务税金及附加		
其他业务支出		
营业费用		
管理费用		
财务费用		
营业外支出		
所得税		
费用支出合计		
净利润		

表 5-3　多步式利润表示例

项目	本期金额	上期金额
一、营业总收入		
二、营业总成本		
其中：营业成本		
营业税金及附加		
销售费用		
管理费用		

（续表）

项目	本期金额	上期金额
财务费用		
资产减值损失		
加：公允价值变动损益		
投资收益		
三、营业利润		
加：营业外收入		
减：营业外支出		
四、利润总额		
减：所得税费用		
五、净利润		

从利润表的结构来看，表的项目分为主营业务收入、营业利润、利润总额及净利润4个层次。这4个指标越高说明企业的获利能力越强。

① 主营业务收入：企业从事某种生产、经营活动所取得的营业收入。

② 营业利润：主营业务利润加上其他业务利润，减去营业费用、管理费用和财务费用后的金额。

③ 利润总额：营业利润加上营业收入减去营业外支出。

④ 净利润：交了所得税之后，企业最后剩下的钱。

从利润表中我们可以看出企业的获利能力和发展能力。

① 获利能力主要包括营业利润率和成本费用利润率。

营业利润率 ＝（营业利润 ÷ 营业总收入）× 100%。营业利润率越高，说明企业市场竞争力越强，发展潜力越大，盈利能力越强。

成本费用利润率 ＝（利润总额 ÷ 成本费用总额）× 100%。成本费用总额包括营业成本和期间费用。成本费用利润率越高，说明企业为取得利润而付出的代价越小，盈利能力越强。

② 发展能力主要是资产保值增值率。

资产保值增值率 ＝（年末所有者权益总额 ÷ 年初所有者权益总额）× 100%。该比率越高，说明企业的资本保全状况越好，所有者权益增长越快。

3. 现金流量表

简单地说，现金流量表就是在一段时期内，现金及现金等价物的流入、流出及结余的多少。用流入的减去流出的就是结余，这个结余在财务上叫现金净流量。现金流量表可以告诉我们公司经营活动、投资活动和筹资活动所产生的现金收支活动，以及现金流量净增加额，从而有助于我们分析公司的变现能力和支付能力，进而把握公司的生存能力、发展能力和适应市场变化的能力，对应的现金流量表分别见表 5-4 至表 5-6。

表 5-4 现金流量表示例（经营部分）

项目	本期金额	上期金额
一、经营活动产生的现金流量		
销售商品、提供劳务收到的现金		
收到的税费返还		
收到的其他与经营活动有关的现金		
经营活动现金流入小计		
购买商品、接受劳务支付的现金		
支付给员工以及为员工支付的现金		
支付的各项税费		
支付的其他与经营活动有关的现金		
经营活动现金流出小计		
经营活动产生的现金流量净额		

表 5-5 现金流量表示例（投资部分）

项目	本期金额	上期金额
二、投资活动产生的现金流量		
收回投资收到的现金		
取得投资收益收到的现金		
处置固定资产、无形资产和其他长期资产收回的现金净额		
处置子公司及其他营业单位收到的现金净额		
收到的其他与投资活动有关的现金		
投资活动现金流入小计		
购建固定资产、无形资产和其他长期资产支付的现金		
投资所支付的现金		
取得子公司及其他营业单位支付的现金净额		
支付的其他与投资活动有关的现金		
投资活动现金流出小计		
投资活动产生的现金流量净额		

表 5-6　现金流量表示例（筹资部分）

项目	本期金额	上期金额
三、筹资活动产生的现金流量		
吸收投资收到的现金		
取得借款收到的现金		
收到其他与筹资活动有关的现金		
筹资活动现金流入小计		
偿还债务支付的现金		
分配股利、利润或偿付利息支付的现金		
支付的其他与筹资活动有关的现金		
筹资活动现金流出小计		
筹资活动产生的现金流量净额		

利润反映了企业赚钱的能力，而现金净流量反映了企业未来存活下来的可能性。因此，对企业来说，要以收付实现来编制报表，计算出现金净流量。

① 现金净流量与短期偿债能力的关系。如果本期现金净流量增加，表明公司短期偿债能力增强，财务状况得到改善；反之，则表明公司财务状况比较困难。

② 现金流入量的结构与公司的长期稳定性的关系。经营活动是公司的主营业务，经营活动提供的现金流量，可以不断用于投资，再生出新的现金，来自主营业务的现金流量越多，表明公司发展的稳定性越强。

③ 投资活动与筹资活动产生的现金流量与公司发展的关系。股东在分析投资活动时，一定要注意分析是对内投资还是对外投资：对内投资的现金流出量增加，意味着固定资产、无形资产等的增加，这样的公司成长性较好；如果对外投资的现金流量大幅增加，意味着公司正常的经营活动没能充分吸纳现有的资金，资金利用效率有待提高。

财务报表是企业投资者和债权人进行决策的重要依据，对企业的生存发展壮大起着举足轻重的作用，因此，读懂财务报表是十分重要的。

（二）了解主要税种

1.税收的概念和特征

税收是指国家为了向社会提供公共产品、满足社会共同需要、参与社会产品的分配，按照法律的规定，强制、无偿取得财政收入的一种规范形式。税收是一种非常重要的政策工具。

其特征是强制性、无偿性、固定性。

2.我国现行税法体系和税种

税种是指一个国家税收体系中的具体税收种类，是基本的税收单元。税种主要分为增值税、消费税、关税和所得税等。缴纳的税款叫作应纳税额，应纳税额和征税对象数额的比率叫作税率。

大学生初涉职场一本通（第2版）

3. 企业常见的涉及缴纳的税种

（1）增值税

增值税是对在我国境内销售货物或者提供加工、修理修配劳务及进口货物的单位和个人所征收的一种税。按照会计核算水平和经营规模分为一般纳税人和小规模纳税人两类。

（2）消费税

消费税是我国境内将生产、委托加工和进口《中华人民共和国消费税暂行条例》规定的应税消费品的单位和个人。

按照现行税法的基本规定，消费税应纳税额的计算主要分为从价计征、从量计征和从价从量复合计征3种方法。

（3）地方税金及附加

地方税金及附加主要包括城市维护建设税、教育费附加、水利建设基金，凡缴纳增值税、消费税的单位和个人都必须缴纳此税。

（4）印花税

在我国境内书立、领受《中华人民共和国印花税暂行条例》所列举凭证的单位和个人，都是印花税的纳税义务人，应当按照规定缴纳印花税。现行印花税只对《中华人民共和国印花税暂行条例》列举的凭证征收，没有列举的凭证不征税。

（5）房产税

房产税是以房屋为征税对象，按照房屋的计税余值或租金收入，向产权所有人征收的一种财产税。

（6）城镇土地使用税

城镇土地使用税是指以国有土地为征税对象，对拥有土地使用权的单位和个人征收的一种税。城镇土地使用税以纳税人实际占用的土地面积为计税依据。其税额标准按大城市、中等城市、小城市和县城、建制镇和工矿区分别确定。城镇土地使用税按年计算，分期缴纳。

（7）个人所得税

个人所得税是国家对本国公民、居住在本国境内的个人所得和境外个人来源于本国所得征收的一种所得税。

工资薪金所得个人应纳税所得额的计算方法如下。

应纳税所得额＝月收入－5000元（免征额）－专项附加扣除－依法确定的其他扣除。

个人所得税专项附加扣除如下。

子女教育：纳税人的子女接受全日制学历教育的相关支出，按照每个子女每月2000元的标准定额扣除。

继续教育：纳税人在我国境内接受学历（学位）继续教育的支出，在学历（学位）教育期间按照每月400元的定额扣除。同一学历（学位）继续教育的扣除期限不能超过48个月。纳税人接受技能人员职业资格继续教育、专业技术人员职业资格继续教育的支出，在取得相关证书的当年，按照 3600 元定额扣除。

大病医疗：在一个纳税年度内，纳税人发生的与基本医保相关的医药费用支出，扣除医保报销后个人负担（指医保目录范围内的自付部分）累计超过 15000 元的部分，由纳税人在办理年度汇算清缴时，在 80000 元限额内据实扣除。

住房贷款利息：纳税人本人或者配偶单独或者共同使用商业银行或者住房公积金个人住房贷款为本人或者其配偶购买我国境内的住房，发生的首套住房贷款利息支出，在实际发生贷款利息的年度，按照每月 1000 元的标准定额扣除，扣除期限最长不超过 240 个月。纳税人只能享受一次首套住房贷款的利息扣除。

住房租金：纳税人在主要工作城市没有自有住房而发生的住房租金支出，可以按照以下标准定额扣除：（一）直辖市、省会（自治区首府）城市、计划单列市，以及国务院确定的其他城市，扣除标准为每月 1500 元。（二）除第一项所列城市以外，市辖区户籍人口数超过 100 万的城市，扣除标准为每月 1100 元；市辖区户籍人口数不超过 100 万的城市，扣除标准为每月 800 元。

赡养老人：纳税人赡养一位及以上被赡养人的赡养支出，统一按照以下标准定额扣除：（一）纳税人为独生子女的，按照每月 2000 元的标准定额扣除；（二）纳税人为非独生子女的，由其与兄弟姐妹分摊每月 2000 元的扣除额度，每人分摊的额度不能超过每月 1000 元。可以由赡养人均摊或者约定分摊，也可以由被赡养人指定分摊。约定或者指定分摊的须签订书面分摊协议，指定分摊优先于约定分摊。具体分摊方式和额度在一个纳税年度内不能变更。

（8）企业所得税

企业所得税是对我国境内的企业和其他取得收入的组织的生产经营所得和其他所得征收的税种。

企业所得税的征收对象是纳税人取得的所得。根据《中华人民共和国企业所得税法》，一般企业所得税税率为 25%。但因税收的优惠政策，企业所得税的纳税人不同，适用的税率也会变化，例如小型微利企业的税率为 20% 等。

·任务二· **提升学习能力**

一、手把手教你信息检索

说说看

信息检索大比拼：请收集你认为的"2022 年高校大学生年度十大轶事"并分享你的收集过程。

（一）信息检索

人类发展进步的过程就是不断积累知识，在积累知识的基础上又不断进行探索的过程。在古代，知识文化主要通过口口相传、撰写书籍、刻字绘画等方式流传。我们通过不断学习新知识，收集各种各样的信息，得到了进步和发展。而随着现代科学技术的飞速发展，科技成果不断出现，因此产生了数量庞大、品种繁多的期刊、图书及文献资料，例如会议论文、学位论文、科技报告、专利资料、标准资料和产品样本等。现在，存储在世界上的各种信息与知识不断增多，特别是进入互联网时代，数字技术让我们的信息传播与存储更加便捷。虽然我们拥有大量的信息，但是其中绝大多数的信息不是我们想要的，所以，如何快速在海量的文献、新闻等资料中找到我们需要的信息是一门学问，更是我们生活、学习中不可或缺的一门技能，这就是我们将要学习的信息检索。

互联网上信息资源十分丰富。在人类生产、生活、娱乐及其他社会实践活动中产生的各种信息资源，皆可经过电子化处理后投入网络中。网络的共享性与开放性使人们都可以在互联网上获取和存放信息，由于没有质量控制和管理机制，信息质量良莠不齐，形成一个纷繁复杂的信息世界，给用户选择和使用网络信息带来了障碍。因此，网络中的信息检索与利用变得尤为重要。

（二）信息检索的分类

1. 搜索引擎

网页搜索工具即搜索引擎，按其工作方式主要分为全文搜索引擎和目录索引类搜索引擎。全文搜索引擎，例如百度、谷歌（Google）等，它们都是从互联网上提取各个网站的信息而建立的索引数据库，当用户查询时，它在数据库中检索与用户查询条件相符的相关记录，然后将结果提供给用户。目录索引类搜索引擎，例如新浪、搜狐，是将收取到的各个网站的信息按照目录建立数据库供人们分类查找，因此这种搜索方式也被称作分类搜索。

敲黑板

百度高级搜索小技巧

- 使用双引号进行完全匹配搜索，例如，"页面 SEO 终极指南"。
- 使用减号排除不想要的搜索结果，例如，find a girlfriend −advertising。
- 使用加号强制包含通常被忽略的单词，例如，+of。
- 使用 AND 或 & 进行 X 和 Y 搜索，例如，鱼 AND 熊掌或者鱼 & 熊掌。

● 使用 OR 或 | 进行 X 或 Y 搜索，例如，鱼 OR 熊掌或者鱼 | 熊掌。

● 使用 allintext: 搜索文本中的单词，例如，allintext: 情感网站感谢页。

● 使用 intext: 搜索文本 +Tile、URL 等中的单词，例如，seo 终极指南 intext: 搜索意图。

● 使用 allintitle：搜索 Tile 中的单词，例如，allintitle: 超越。

● 使用 intitle：搜索 Tile+ 文本、URL 等中的单词，例如，首次输入延迟 intitle: 核心网页指标提升。

● 使用 allinurl：搜索 URL 中的单词，例如，allinurl: 营销。

● 使用 filetype：搜索特定文件类型的结果，例如，"空间折叠"filetype:pdf。

● 使用高级搜索选项功能，可以根据时间、语言、文档格式、关键词位置等条件筛选结果。

类似"filetype:"里的冒号，都是在英文模式下的冒号，否则不起作用。

举例说明找行业名人的个人资料页。

一般来说，行业名人的个人资料页的标题通常是行业名人的名字，而在页面上，会有"姓名""身高""专业方向"等词语出现。例如，找王坚的个人资料，就可以用"王坚专业方向"来查询。由于名字一般在网页标题中出现，因此，更精确的查询方式，可以是"专业方向 intitle：王坚"，intitle 表示后接的词限制在网页标题范围内。

这类主题词加上特征词的查询构造方法，适用于搜索具有某种共性的网页，前提是必须了解这种共性（或者通过试探性搜索预先发现共性）。

精确匹配——双引号和书名号。

如果输入的关键字很长，百度在经过分析后，给出的搜索结果中的关键字可能是拆分的。如果你对这种搜索结果不满意，可以尝试让百度不拆分关键字。给关键字加上双引号，就可以达到精确匹配效果。

例如，搜索上海科技大学，如果不加双引号，搜索结果就会被拆分。加上双引号后，搜索"上海科技大学"，获得的结果就符合要求了。

书名号是百度独有的一个特殊查询语法。在其他搜索引擎中，书名号会被忽略，而在百度中，中文书名号是可以被查询的。加上书名号的关键字，有两层特殊功能：一是书名号会出现在搜索结果中；二是被书名号扩起来的内容，不会被拆分。书名号在某些情况下特别有效，例如查经典的电影或者小说等。查电影"手机"，如果不加书名号，很多情况下搜出来的是通信工具，而加上书名号后，搜索结果都是关于电影方面的内容了。

此外，还可使用逻辑控制符 AND，多个条件同时满足要求从而进行限制，或者使用英文引号，将必然连在一起的词变成词组来搜索。

如果以上方法均无效，请仔细阅读返回结果的前几条信息。一般来讲，大多数搜索工具将最符合要求的条目放在返回清单的最前面。

当搜索没有结果或返回的条目太少时，可以采用扩大搜索范围的方法：用近义词代替关键词、使用逻辑控制符 OR、使用其他的搜索网站。

搜索引擎分几种，每种的工作方式也不同，因而导致信息覆盖范围有所差异。我们平常搜索仅集中于某一个搜索引擎的做法是不明智的，因为再好的搜索引擎也有局限性，合理的方式应该是根据具体要求选择不同的搜索引擎。

小贴士

搜索技巧和其他的技术一样，是在不断实践中总结出来的。通过实践，你可以形成属于自己的一套有效的搜索习惯，这将有助于更快地搜索。

2. 文献查询

（1）中文数据库

① 清华同方学术期刊网。这是中国最大的数据库之一，内容较全，收录了 5000 多种中文期刊和 1994 年以来的数百万篇文章，并且目前正以每天收录数千篇的速度更新。阅读全文需在网站主页下载 CAJ 全文浏览器。

② 维谱全文数据库。1994 年以后的数据它不如中国知网的数据全。阅读全文需要下载维谱全文浏览器。

③ 万方数据库。收录了核心期刊的全文，文件为 PDF 格式，阅读全文需要 AdobeReader。

（2）外文全文站点（所有外文数据库，阅读全文均需 AdobeReader）

① Highwire。世界上第二大免费数据库（最大的免费数据库没有生物学、农业方面的文献）。该网站提供部分文献的免费检索和所用文献的超级链接，免费文献在左边标有 "FREE"。

② ScienceDirect。ScienceDirect 是一家知名的学术期刊出版商，每年出版大量的农业和生物科学、艺术和人文科学等学术图书和期刊，目前电子期刊已超过 1200 多种（其中生物医学期刊 499 种），其中的大部分期刊是 SCI、EI 等国际公认的权威大型检索数据库收录的各个学科的核心学术期刊。

③ WileyInterScience。WileyInterScience 收录了 360 多种科学、工程技术、医疗领域及相关专业期刊，30 多种大型专业参考书，13 种实验室手册和 500 多个题目的 Wiley 学术图书，内容涉及商业、金融和管理、化学、计算机科学、地球科学、教育学、工程学、法律、生命科学与医学、数学统计学、物理等 14 个学科。

二、制胜关键：互联网思维

说说看

你会发红包吗？你能说出发红包的几种玩法吗？

（一）何为互联网思维

互联网思维是一种嵌入互联网特征的思维方式，是在互联网、移动互联网、物联网、云计算、大数据等科技不断发展的背景下，对市场、用户、产品、企业价值链乃至整个商业生态系统地重新全面审视的一种思考方式。互联网时代下人们的思考方式，不会局限在互联网产品、互联网企业本身，而会更关注企业的社会化思维及其价值。互联网思维的实质就是用互联网的模式来思考并且解决问题。

（二）互联网思维的特征

对于互联网思维的特征，目前有多种认识，雷军提出的互联网"七字诀"（专注、极致、口碑、快）颇受大家认可。

1. 互联网思维追求不断探索、创新和改善

互联网运营的特点是一端聚集着引领企业创新的客户需求，另一端是实现这些需求的解决办法。互联网的出现使企业产生了很多新的模式、新的产品、新的形态、新的传播方式、新的消费观念、新的体验、新的价值等。例如，小米公司的有关部门会定时开技术改善讨论会，根据不同的需求，小米公司会时刻保持技术改善、产品卓越的态度和思维方式，即用互联网思维不断探索、创新。

2. 互联网思维追求用户的信任（口碑粉丝）

传统企业讲消费者、用户，如今的企业讲粉丝，3种群体看似是一类人，但有所不同，消费者是购买者，是花钱买产品的人，这类人或许成为使用者，也就是最终用户；但是也有些人不是用户，例如粉丝未必是购买者，他可以是对这个产品极度热爱，但在短时间没有形成购买的人。从某种程度上讲，粉丝对产品的信任为企业组织的创新与发展带来了巨大的能量。

3. 互联网思维追求组织结构的扁平化

一个网状结构的互联网，是没有中心节点的，它不是一个层级结构。虽然不同的点有不同的权重，但没有一个点是绝对的权威。所以互联网的技术结构决定了它内在的精神——"去中心化"、分布式、平等。平等是互联网非常重要的原则。

4. 互联网思维追求知识共享和信息互动

企业在学习、借鉴别人的长处的同时能提升自己的智慧。在某种程度上来说，不是因为有了互联网才有了这些思维，而是因为互联网的出现和发展，使这些思维得以集中体现。互联网的发展过程，本质是让互动变得高效，其中包括人与人之间的互动，也包括人机交互。互联网思维就是充分利用互联网的精神、价值、技术、方法、规则、机会来进行指导、处理、创新、工作。互联网以用户体验为中心，要真正找到用户的痛点和普遍需求，为用户创造价值。

（三）互联网的九大思维、20个法则

1. 用户思维

用户思维即在价值链的各个环节中要"以用户为中心"考虑问题。没有用户思维，也就谈不上其他思维。

互联网使消费者掌握了更多的产品、价格、品牌方面的信息，市场竞争更充分，市场由以厂商为主导转变为以消费者为主导。在整个价值链的各个环节，要建立"以用户为中心"的企业文化，深度理解用户。商业价值必须建立在用户价值之上。

法则1：得用户者得天下。

了解并研究用户喜欢什么，哪些需求值得重点关注。

法则2：兜售参与感。

让用户参与产品开发，即采用C2B模式。一种情况是按需定制，厂商提供满足用户个性化需求的产品即可，例如海尔的定制化冰箱。另一种情况是在用户参与中优化产品，例如服装领域的某品牌，每次新品上市，设计人员都会把设计的款式放到其管理的用户群组里，让用户投票，其群组有近百个QQ群，辐射上万人，这些用户决定了最终的潮流趋势，自然也会为这些产品买单。

法则3：用户体验至上。

用户体验是一种纯主观、在用户接触产品的过程中建立起来的感受。好的用户体验，应从细节开始，并贯穿每个细节，这种细节能够让用户有所感知，并且这种感知要超出用户预期，给用户带来惊喜。

2. 简约思维

简约思维是指在产品规划和品牌定位上，力求专注、简单；在产品设计上，力求简洁、简约。

法则4：专注，少就是多。

对产品线的规划要专注。专注是指为了做成一件事，必须在一定时期集中力量实现突破。

品牌定位也要专注。要给消费者一个选择你的理由。

法则5：简约就是美。

在产品设计方面，要做减法。外观要简洁，内在的操作流程要简化。例如，Google浏览器的首页，苹果、特斯拉等产品的外观均是如此。

3. 极致思维

极致思维就是把产品和服务做到极致，把用户体验做到极致，超越用户预期。互联网时代的竞争，只有第一，没有第二，只有做到极致，才能够真正赢得消费者。

法则 6：打造让用户尖叫的产品。

用极致思维打造极致的产品。这其中必须做到三点：第一，"需求要抓得准"（痛点、痒点或兴奋点）；第二，"自己要逼得狠"（做到自己能力的极限）；第三，"管理要盯得紧"（得产品经理得天下）。

好产品是会说话的，是能够自己传播起来的，因为"人人都是媒体人"，在这个社会化媒体时代，好产品会自动形成口碑传播。

法则 7：服务即营销。

除了产品本身，服务及其他产品周边的体验也是同等重要的，服务环节也要做到极致。

4. 迭代思维

"敏捷开发"是互联网产品开发的典型方法，是一种以人为核心，迭代、循序渐进的开发方法，它允许有所不足、不断试错、在持续迭代中完善产品。

互联网产品能够做到迭代主要有两个原因：第一，产品从供应到消费的环节非常短；第二，消费者意见反馈的成本非常低。这里面有两个要点：一个是"快"，另一个是"微"。"快"是时代发展的需求。现在市场已进入快速发展的时代，市场比拼的不单单是质量，更是速度。能抢占先机，就赢得了至关重要的第一步。另外，"微"是指迭代要从细微处入手。每次迭代并不意味着对产品进行大幅改变，而是要从细微处不断改良，让产品更能符合消费者的需求，更加人性化和便利化。

法则 8：小处着眼，微创新。

"微"是指要从细微的用户需求入手，贴近用户心理，在用户参与和反馈中逐步改进。"可能你觉得是一个不起眼的点，但是用户觉得很重要"。

法则 9：精益创业，快速迭代。

"天下武功，唯快不破"，只有快速地对消费者需求做出反应，产品才更容易贴近消费者。

5. 流量思维

流量意味着体量，体量意味着分量。流量即入口，流量的价值自不必多言。

法则 10：免费是为了更好地收费。

互联网产品免费下载往往成为获取流量的首要策略，互联网产品大多不向用户直接收费，而是用免费策略极力争取用户、锁定用户。免费模式主要有两种：第一，基础免费，增值收费；第二，短期免费，长期收费。"免费的才是最昂贵的"，不是所有的企业都能选择免费策略，要视产品、资源和时机而定。

法则 11：要坚持到质变的"临界点"。

流量怎样产生价值？量变产生质变，必须坚持到质变的"临界点"。

任何一个互联网产品，只要用户活跃数量达到一定程度，就会开始产生质变，这种质变往往会给该公司或者产品带来新的"商机"或者"价值"，这是互联网独有的"奇迹"和"魅力"。在注意力经济时代，先把流量做上去，才有机会思考后面的问题。

6. 社会化思维

社会化商业时代已经到来，互联网企业纷纷加速布局。社会化商业的核心是网，公司面对的用户以网的形式存在，这将改变企业的生产、销售和营销等形态。

法则 12：利用社会化媒体进行口碑营销。

社会化媒体应该是品牌营销的主战场，口碑营销的链式传播速度是非常快的。

不是用了社会化媒体就是口碑营销，口碑营销不是自说自话，而是站在用户的角度，以用户喜欢的方式和用户沟通。

法则 13：利用社会化网络，众包协作。

众包是以"蜂群思维"和层级架构为核心的互联网协作模式，群体创造不同于外包，更强调协作。维基百科就是典型的众包产品。传统企业要思考如何利用外脑，不用招募，就可实现"天下贤才入吾毂中"。

7. 大数据思维

大数据思维是指对大数据的认识，其是对企业资产、关键竞争要素的理解。

法则 14：小企业也要有大数据。

用户在网络上一般会产生信息、行为、关系 3 个层面的数据，例如，用户登录电商平台，会注册邮箱、手机、地址等，这是信息层面的数据；用户在网站上浏览、购买了什么商品，这属于行为层面的数据；用户把这些商品分享给了谁、找谁代付，这些是关系层面的数据。这些数据的沉淀，有助于企业进行预测和决策，大数据的关键在于数据挖掘，有效的数据挖掘才可能产生高质量的分析预测。海量用户和良好的数据资产将成为企业未来的核心竞争力。一切皆可被数据化，企业必须构建自己的大数据平台，小企业也要有大数据。

法则 15：你的用户不是一类人，而是每个人。

在互联网和大数据时代，用户所产生的庞大数据量使营销人员能够深入了解"每个人"，而不是"目标人群"。这个时候的营销策略和计划就应该更精准，要针对个性化用户做精准营销。

银泰网上线后，打通了线下实体店和线上的会员账号。在百货和购物中心铺设免费Wi-Fi，这意味着，当一位已注册账号的客人进入实体店，一旦他的手机连接上 Wi-Fi，后台就能识别出他，因为他以往与银泰的所有互动记录及其喜好会在后台一一呈现。当把线上、线下的数据放到集团内的公共数据库中去匹配，银泰就能通过分析消费者的电子小票、行走路线、停留区域，判断消费者的购物喜好，分析其购物行为、购物频率和品类搭配等习惯。这样做的最终目的是实现商品和库存的可视化，并能够与用户沟通。

8. 平台思维

互联网的平台思维是指开放、共享和共赢的思维，平台模式最有可能成就产业巨头。

法则16：打造多方共赢的生态圈。

平台模式的精髓在于打造一个多主体共赢互利的生态圈。将来的平台之争，一定是生态圈之间的竞争，单一的平台是不具备系统性竞争力的。

法则17：善用现有平台。

当传统企业转型为互联网企业，或者个人希望创立一家新的互联网公司时，如果自身不具备重新构建一个属于自己独有的大平台的实力，那就要思考怎样利用现有的平台使企业转型。

法则18：让企业成为员工的平台。

互联网巨头的组织变革，都是围绕如何打造内部"平台型组织"进行的。内部平台化，对组织的要求就是要变成自组织而不是他组织。他组织永远听命于别人，自组织是自己来创新。

9. 跨界思维

随着互联网和新科技的发展，很多产业的边界变得模糊，互联网企业的触角已经无孔不入，例如零售、制造、出版、金融、电信、娱乐、交通、媒体等。互联网企业的跨界颠覆，本质是高效率整合低效率，包括结构效率和运营效率。

法则19：携"用户"以令市场。

古有曹操"携天子以令诸侯"，今有"携用户以令市场"。一些互联网企业为什么能够参与乃至赢得跨界竞争？答案就是用户！它们一方面掌握着用户数据，另一方面具备用户思维，开拓新的市场自然也就是轻而易举的事情了。

法则20：用互联网思维，大胆地进行颠覆式创新。

不论是传统企业，还是互联网企业，都要主动拥抱变化，大胆地进行颠覆式创新，这是时代发展的必然要求。

思考练习

2017年8月，假设某数码相机公司产生以下业务，判断下列款项是否列入8月现金流量表。

本期向A公司销售产品中，有50万元是现金收入，赊销140万元。

B公司签发支票，偿还2016年的欠款50万元。

预收 C 公司的货款 50 万元存入银行。

通过银行转账补交 7 月的税款 10 万元。

拓展训练

本章的个人财务管理小方法你掌握了吗？根据个人的情况，制订个人财务管理计划。

项目总结

21 世纪是开放、多元的世纪，是信息技术飞跃的世纪，要想跟上时代发展的节奏，就要不断学习，学习理财从而有更多的资金投资自己，学会用互联网思维思考、看待社会的现象与问题，学会从众多复杂的信息中提取对自己有用的内容。

第六章

管理职场执行力

项目简介

项目背景

　　日子一天一天地过去了，细心的李木子发现公司大部分的员工缺乏明确的目标，上司分配一个任务就机械地完成一个任务，缺乏长远的规划。因此，作为人事部经理兼心理委员，李木子私下去了解员工的个人目标与成长计划后，结合公司的发展远景，决定请职业素质导师给员工进行一次关于目标的内部培训。

　　具体的计划制订好的前几天，员工热情高涨，都能按照计划执行。但大半个月过后，李木子发现一些员工总是因为无关紧要或者不确定的因素，无法按期执行自己的计划，久而久之，计划的实施就出现了脱节和断层。另外，有些员工在执行计划的过程中会遇到之前制订计划时没有预料到的因素，导致计划难以实施，随之就直接放弃了当初的计划。针对这种情况，李木子在职业素养导师的帮助下，组织了一次关于执行力及执行目标的PDCA循环的内部培训。

项目目标

① 了解目标在行动中的重要性。　　　② 应用 SMART 原则制定个人目标。

③ 了解制订计划的原则。　　　　　　④ 理解制订计划的步骤。

⑤ 了解执行力的概念。　　　　　　　⑥ 了解执行力缺失的原因。

⑦ 掌握提高执行力的方法。　　　　　⑧ 了解 PDCA 循环。

⑨ 应用 PDCA 循环检验并修正现有的目标。

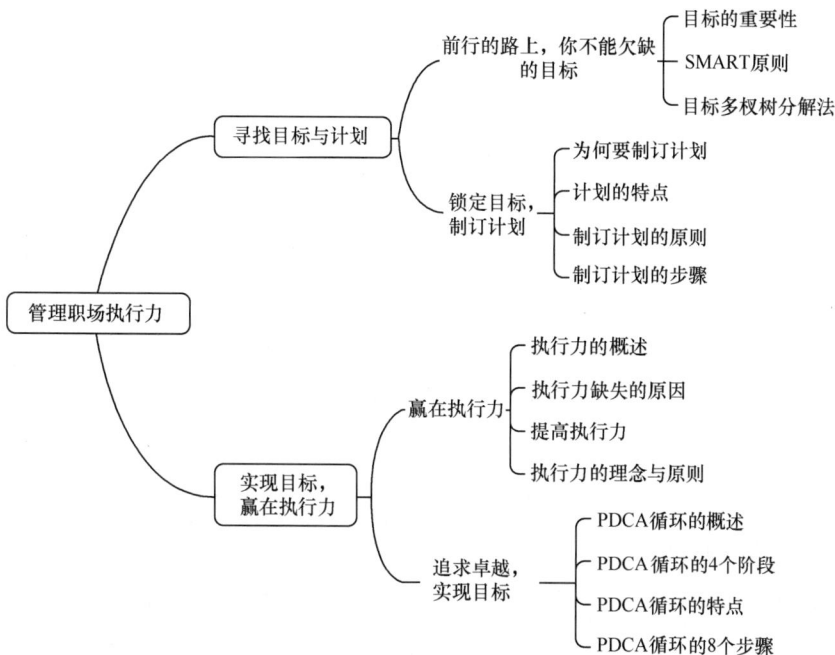

知识图谱

管理职场执行力
- 寻找目标与计划
  - 前行的路上，你不能欠缺的目标
    - 目标的重要性
    - SMART原则
    - 目标多权树分解法
  - 锁定目标，制订计划
    - 为何要制订计划
    - 计划的特点
    - 制订计划的原则
    - 制订计划的步骤
- 实现目标，赢在执行力
  - 赢在执行力
    - 执行力的概述
    - 执行力缺失的原因
    - 提高执行力
    - 执行力的理念与原则
  - 追求卓越，实现目标
    - PDCA循环的概述
    - PDCA循环的4个阶段
    - PDCA循环的特点
    - PDCA循环的8个步骤

任务一　寻找目标与计划

一、前行的路上，你不能欠缺的目标

案例讨论

看不到目标，就没有办法坚持！仅有方向的指引，我们难以看到成功的彼岸，目标也总是遥不可及，导致行动困难。但若把长期目标分解为若干个小目标，逐一跨越它，长期目标就会容易实现。

（一）目标的重要性

目标是工作和生活的方向，明确的目标引导生活和工作的方向。没有目标，我们就不会努力，因为我们不知道为什么要努力。如果有了明确、坚定的目标，我们就会排除干扰。当你一心执着于目标的时候，所有的障碍都会成为垫脚石，所有的困难都会主动让步。清晰的目标是动力产生的源泉，它会不停地激励我们把它变成现实。

因此，不论是个人成长，还是企业发展，不同的阶段都需要有一个明确、坚定、可实施的目标。我们应该为自己制定一个长远的人生目标，然后努力实现它。

（二）SMART 原则

制定目标看似是一件简单的事情，每个人都有过制定目标的经历，但如果上升到技术层面，就必须学习并掌握 SMART 原则。

SMART[1] 原则能够使员工更加明确地、高效地工作，使管理者更加科学化、规范化地对员工进行绩效考核，从而保证考核的公开、公平与公正。

1. S：Specific，明确性

目标的明确性是指用具体的语言清楚地说明要达成的行为标准，明确的目标几乎是所有团队成功的一致特点。例如，将目标定为"增强客户意识"，这种对目标的描述就很不明确，因为增强客户意识有许多具体做法，而例如减少客户投诉，过去客户投诉率是 3%，现在就要把它降低到 1% 或者 1.5%，这样用数字来衡量就更直观、更容易考核。

此外，提升服务速度，使用规范、礼貌的用语，采用规范的服务流程等也是增强客户意识的做法，但目标不明确就没有办法评判、衡量，必须量化到具体指标。

目标设置要有项目、衡量标准、达成措施、完成期限及资源要求，使考核的人能够清晰地看到部门或科室每个月计划要做哪些事情，计划完成到什么样的程度。

2. M：Measurable，可衡量性

目标的可衡量性是指目标应该是明确的，而不是模糊的。因此，我们应该有一组明确的数据，作为衡量是否达成目标的依据。目标可以用数字来描述，也可以将其表现形态用数字化的指标来补充描述。

如果制定的目标没有办法衡量，就无法判断这个目标是否实现。例如，领导有一天问："这个目标离实现大概有多远？"团队成员的回答是"我们早实现了"，这说明领导和下属对团队目标产生了分歧，其原因在于没有一个可以衡量的数据。但并不是所有的目标都可以被衡量，有时也会有例外。

📓 **敲黑板**

我们常说："为所有的老员工安排进一步的管理培训。""进一步"是一个既不明确也不容易衡量的概念，到底指什么？是不是只要安排了这个培训，不管谁讲，也不管效果好坏都称为"进一步"？

改进方式：准确地说明在什么时间完成对所有老员工关于某个主题的培训，并且在这个课程结束后，学员的评分低于 85 分说明效果不理想，85 分或高于 85 分说

---

1. S=Specific、M=Measurable、A=Attainable、R=Realistic、T=Time-bound。

明达到了期待的结果，这样使目标变得可以被衡量。

实施要求：衡量目标的标准遵循"能量化的量化，不能量化的质化"标准，使大家有一个统一的、清晰的、可度量的标准，杜绝在设置目标时使用概念模糊、无法衡量的描述。判断目标是否可以被衡量应该首先从数量、质量、成本、时间、上级或用户的满意程度5个方面考虑，如果仍不能被衡量，可考虑将目标细化；细化目标后再从以上5个方面衡量，如果仍不能被衡量，还可以将完成目标的工作进行流程化管理，使目标可衡量。

3. A：Achievable，可达成性

目标的可达成性是指目标是可以让员工实现的。

今天员工的知识层次、学历、素质，以及他们主张的个性张扬的程度都远远超出以往。因此，主管应该更多地让下属参与制定目标的过程。

不畏难。既然要设定目标成长，就不要先考虑过程中的困难，不然还没有点燃热情就被畏惧情绪打消了念头。

实施要求：目标要依能力而定，目标并非越高越好，无法实现的目标会挫伤人们的积极性，并最终导致失败。设置目标的原则是要坚持员工参与并全面沟通，使拟定的工作目标在组织及个人之间达成一致，既要使工作内容饱满，又要具有可达成性，制定出能让员工跳起来"摘桃"的目标。

4. R：Realistic，相关性

目标的相关性是指此目标与其他目标的关联情况，设定目标以及为目标所开展的一系列活动都是为求得一个圆满的结果。如果实现了这个目标，但与其他的目标完全不相关，或者相关度很低，那么这个目标即使达到了，意义也不大。

毕竟工作目标的设定，是要与岗位职责相关联的，不能跑题。例如，一位前台工作人员，你让她学点英语以便接电话的时候用得上，这时候提升英语水平和前台接电话的服务质量有关联，即学英语这一目标与提高前台工作水准这一目标直接相关。

5. T：Time-bound，时限性

目标的时限性是指目标是有时间限制的，限定什么时候完成，可具体到某年某月某日。例如，我将在2023年10月31日之前完成某事，2023年10月31日就是一个确定的时间限制。没有明确时间限定的方式会带来考核的不公正，容易影响下属的工作热情。

实施要求：目标设置要有时间限制，根据工作任务的权重、事情的轻重缓急，拟定出完成目标项目的时间要求，定期检查项目的完成进度，及时掌握项目的进展情况，以及时对下属进行工作指导，以及根据工作计划的异常情况及时调整工作计划。

总之，无论是制定团队的工作目标，还是制定员工的绩效目标，都必须符合上述原

则，5 个原则缺一不可。制定目标的过程也是不断增长自身能力的过程，主管必须和员工在不断制定高绩效目标的过程中共同提高绩效能力。

（三）目标多权树分解法

工作计划是提高个人工作效率的有效手段，而制订工作计划的依据则是你要实现的目标。实际上，目标与计划的关系是目的与手段、前提与保障的关系。目标的确立能保障计划的有效实施，而计划的有效实施也是目标能否成功实现的关键。

实现目标的过程是由现在到将来，由小目标到大目标，一步一步前进的，而从最终目标出发，一级一级分解为可实现的小目标，这就是目标多权树。

1. 目标多权树分解法的定义

目标多权树又被称为计划多权树。目标多权树分解法是专业的目标分解工具，用树干代表大目标，用树枝代表小目标，用叶子代表即时的目标，即现在要做的每件事。这是一种条理化的计划分析方法，能把宽泛的目标分解成具体的行动（项目），能确保目标和行动计划之间建立起因果关系。

2. 如何运用目标多权树分解法

在目标多权树中，大目标与小目标的关系为：小目标是实现大目标的策略和条件；大目标是小目标的结果；小目标实现之"和"一定是大目标的实现。

写下一个大目标，然后问实现该目标的条件是什么，列出实现该目标的必要条件和充分条件。完成这些条件，就是完成达成大目标之前必须达成的小目标。每个小目标，就是大目标的第一层树枝，如图 6-1 所示。

接下来，再分析实现这些小目标的条件是什么，列出达成每个小目标所需的必要条件与充分条件。这些条件就变成了各个小目标的第二层树枝。以此类推，直到画出所有的树叶，才算完成该目标的多权树分解。检查多权树分解是否充分，可反向从树叶到树枝再到树干不断检查：如果小目标均达成，大目标是否一定会达成。如能实现大目标，则表示分解已完成；如不能实现大目标，则表明所列的条件还不够充分，需要继续补充被忽略的树枝。最后，每个目标都可以被描绘成一棵枝繁叶茂的大树。一棵完整的目标多权树，就是一套完整的达成该目标的行动计划。

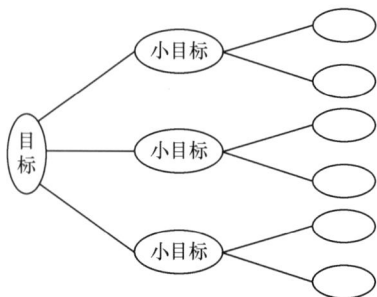

图 6-1 目标多权树分解法示意

二、锁定目标，制订计划

案例讨论

　　管理顾问赵晋说，在她的职场经历中，有很多难忘的回忆，但一次组织会议的经历让她发现了自己的潜能，也让她明白只要自己不放弃，把庞大的、一时操控比较麻烦的项目分解成可操作的小计划，对目标的达成特别有帮助。

　　2000年，她刚在某产权交易中心工作，他们策划组织中国首届企业产权交易论坛，向上级申报以后上级批准了，但是会议资金要自筹，而且他们对请什么人演讲、讲什么、什么人参会等是一头雾水，困难很大，最后的结果很有可能是出力不讨好。于是，越来越多的人开始退出，如果她也退出，这事可能就不了了之了；可如果她坚持，责任就是她的，这该何去何从？最终，她还是选择了坚持！因为做一个高水准的项目并不是什么时候、任何人都有这个机会的，机会来了，把握它需要勇气，也需要实力。

　　她首先做了一个完整的项目规划，把整个项目分成一个个可操作的小项目计划，包括赞助计划、客户开发计划、演讲主题与嘉宾的选择与邀请计划、会务准备计划、对外联络计划、人员安排计划、时间计划、接待工作计划、资金计划、重要嘉宾的跟踪落实计划、对外宣传计划等，并且照着每个计划一步步分工、落实。

　　当会期越来越近而赞助费迟迟到不了位时，她的压力越来越大，各种矛盾、冲突成了家常便饭，她意识到这样下去肯定不行。于是，她决定要先管理好自己的情绪，规划好时间，只有这样才能高效率地完成工作。她重新做了一个时间规划，并将大部分工作分配给下属，而邀请重要嘉宾的工作则"转嫁"给了有良好资源的领导，自己集中精力落实赞助费。

　　一个星期后，赞助费到位……

　　这次会议非常成功，被列入"中国产权交易史十大事件"，她的能力也由此被行业内认可，她也从此开创出另一番新天地。

　　思考：赵晋的计划管理有何特点？

（一）为何要制订计划

　　目标指明了努力的方向、前进的方向。制订计划其实是在设定目标、明确方向，以及对自己的实际情况建立清晰的认知过程。真正要践行目标，少不了将目标细化，进而制订行之有效的计划。

　　计划是一个统称，应涵盖常见的规划、方案、安排、设想、打算和要点等。围绕目标，要分析怎么才能达成；通过什么路径、什么方法、什么资源来达成；要想达成目标，应该分阶段做些什么，这些实际上就是计划。计划是为完成一定的目标而对措施和步骤做出的部署，即计划是实现目标的途径。

有了计划，工作就有了明确的目标和具体的步骤，可以协调大家的行动，增强工作的主动性，减少盲目性，使工作有条不紊地开展。计划为目标的具体实现提供切实可行的方案，因此按照计划实施，成功完成预期目标的可能性被大幅提高了。

计划所设立的目标、责任人、时限等便于对进度和质量进行考核，对计划的执行者有较强的约束和督促作用。

通过计划，我们可以安排工作的轻重缓急，使工作更有效率。未来是不断变化的，计划是通过预测这种变化并且设法消除变化对组织造成不良影响的一种有效手段。计划可以减少不确定性，使我们预见行动的结果。制订计划时，我们可以分析各种方案，选择最有效的实施方案，使有限的资源得到合理的配置，从而减少资源浪费，提高效益。

（二）计划的特点

1. 预见性

这是计划最明显的特点之一。计划不是对已经形成的事实和状况的描述，而是在行动之前对行动的任务、目标、方法和措施做出的预见性确认。计划不能是盲目的、空想的，而是以上级部门的规定和指示为指导，以本单位的实际条件为基础，以过去的成绩和问题为依据，对今后的发展趋势做出科学预测制定出的。

2. 可行性

可行性和预见性是紧密联系在一起的，预见准确、针对性强的计划，在现实中才能切实可行。因此，对未来的预测应建立在客观、实际的基础上，以现有的条件为基础，以过去的成绩为依据，切忌盲目、无根据地制订计划，达不到的目标、行不通的计划都是一纸空文，没有可行性，就不能称为计划。

3. 指导性

制订任何一项计划，都必须明确在一定的时间内完成什么任务，获得什么效益，这些内容就是工作的方向和依据。

4. 约束性

计划体现着决策机关的要求和意图，计划一经通过、批准或认定，在其所指向的范围内就具有了约束作用，在这一范围内，无论是集体还是个人都必须按计划的内容开展工作和活动，不得违背和拖延。

5. 可变性

如果在执行计划的过程中客观情况发生了变化，就要适时地予以修改。计划既有指导性，也有可变性。同时，考虑到未来的变化，制订的计划还应有弹性，可以预测未来可能的变化，辅以备选的多套计划。甚至放弃原计划，重新制订计划。所以，"计划赶不上变化"这句话很有道理，但是它的意义不是让你不做计划，而是让你做多套计划以备选择，正所谓计划并不能保证你成功，但能让你为将来做好准备。计划从不同的角度，依据不同的特点分为不同的类别：根据内容划分，可分为综合计划、专题计划等；按性质划分，可以分为工作计划、生产计划、学习计划和科研计划等。

（三）制订计划的原则

1. 关注核心要素

应表述清楚具体实施过程的每个要素，可结合使用 5W2H 法（详细内容看下文）。

2. 辅以备用计划

计划是具有可变性的，所以在制订计划的时候，为了应对未来的不确定性，我们要辅以其他备用计划。

3. 做好细节工作

举大而不遗细，谋远而不弃近。切莫忽略细节。

（四）制订计划的步骤

从目标到计划，要怎样落实呢？

1. 目标分解

制订计划是为了完成具体的目标，所以一般会根据目标的时间跨度和范围，将目标分解。若是长期目标，则需要分成若干个短期目标，或者将大的团队目标分解成小的个人目标。这样，分解后的目标就为制订具体计划提供了坐标。

2. 事项 / 任务的排序

为完成一项目标，我们应将其分解为具体的工作事项或任务。例如，销售业务员一天需要走访两个客户，完成电话预约、查询路线、准备出差资料、拜访客户、填写差旅或交通发票、撰写工作日志等事项。另外，销售业务员当天还要处理其他事情，如与其他客户对账、督促公司发货、给个人手机充话费等。我们只有将这些事项进行适当的排序，才能够妥善完成当天的任务。

（1）轻重缓急，要事第一

事情可以按轻重缓急分类，如图 6-2 所示。

（2）追求效率，统筹安排

要将效率观念融入日常工作中，学会统筹安排。同样是一天，同样的工作目标，有的人就完成得好，比别人做得快，这是为什么呢？除了工作技能的娴熟，很重要的一点就是高效率的人懂得统筹安排。

我们都懂乌鸦喝水的道理，这是一个"先装石头还是沙子才能发挥罐子最大容量"的模型。类比到时间的统筹安排上，就是利用大块的时间处理"大块"的事情，利用琐碎的时间处理琐碎的事情，利用等待的时间兼做其他的事情（如在旅途中可以打电话或者构思计划）。

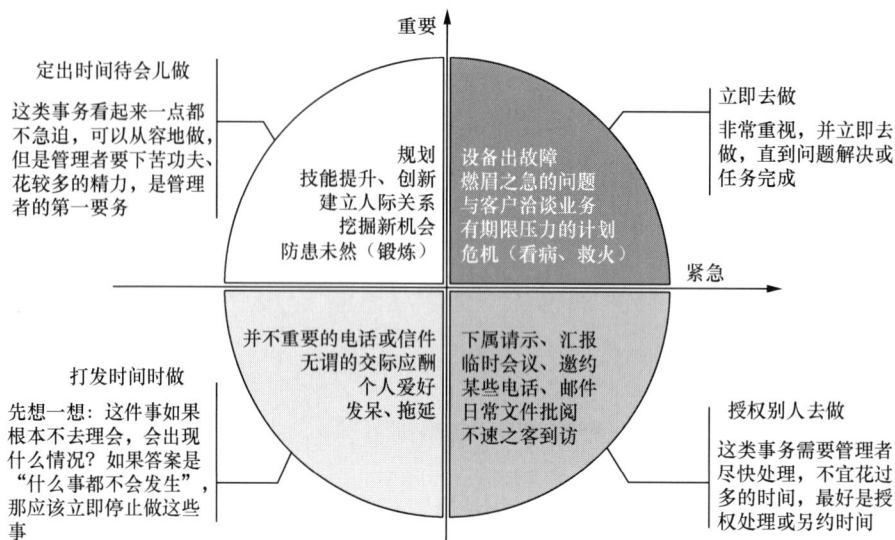

图6-2　轻重缓急

3. 制订计划行动方案

对事项／任务排序以后，要对每个事项拟定具体、清晰的行动方案。行动方案的七大要素为"5W2H"，一般可以采用《××行动方案表》的方式简要描述。

敲黑板

5W2H分析法又叫七何分析法，是第二次世界大战中美国陆军兵器修理部首创的。这个方法简单、方便，易于理解、使用，有启发意义，广泛用于企业管理和技术活动，对决策和执行性的活动措施非常有帮助，也有助于弥补考虑问题的疏漏。发明者用5个以"W"开头的英语单词和2个以"H"开头的英语单词进行设问，以发现解决问题的线索，进行设计构思。这种方法就叫作5W2H法。

① What——是什么：目的是什么？做什么工作？

② Why——为什么：为什么要这么做？理由何在？原因是什么？为什么会造成这样的结果？

③ Where——何处：在哪里做？从哪里入手？

④ When——何时：什么时间完成？什么时机最适宜？

⑤ Who——谁：由谁来承担？谁来完成？谁负责？

⑥ How——怎么做：如何提高效率？如何实施？方法怎样？

⑦ How much——多少：做到什么程度？数量如何？质量水平如何？费用产出如何？

4. 撰写计划书

根据计划的重视程度不同，需要撰写不同类型的计划书。例如，简单的计划书只需要一张表格即可；而正规的计划书，通常包括标题、正文和落款3个部分。

（1）标题

标题种类如图6-3所示。

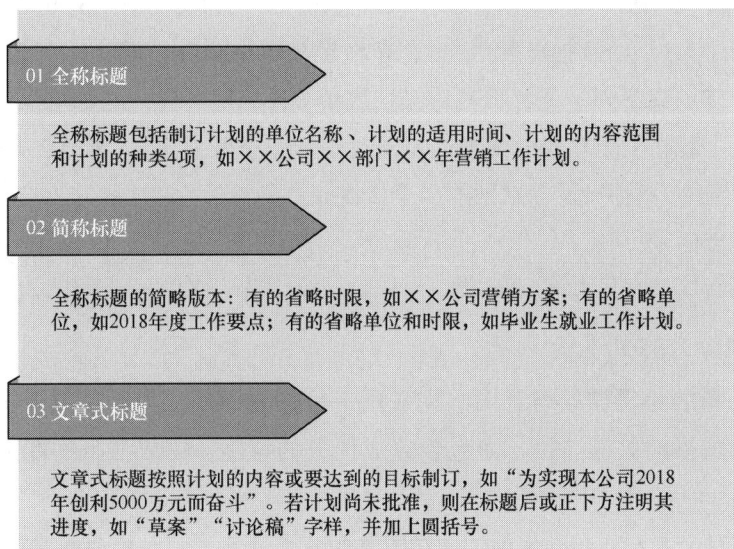

01 全称标题

全称标题包括制订计划的单位名称、计划的适用时间、计划的内容范围和计划的种类4项，如××公司××部门××年营销工作计划。

02 简称标题

全称标题的简略版本：有的省略时限，如××公司营销方案；有的省略单位，如2018年度工作要点；有的省略单位和时限，如毕业生就业工作计划。

03 文章式标题

文章式标题按照计划的内容或要达到的目标制订，如"为实现本公司2018年创利5000万元而奋斗"。若计划尚未批准，则在标题后或正下方注明其进度，如"草案""讨论稿"字样，并加上圆括号。

图6-3　标题种类

（2）正文

正文一般由前言、主体和结语组成，前言属于计划的指导思想，是计划的总纲，回答项目"为什么做"和"能不能做"的问题，语言应准确鲜明、简明扼要；主体部分则是计划方案书的核心内容，是列举计划的主要事项，要求任务具体、目的清楚、落实到人、措施得力、时限明确等；结语部分一般写希望和意见两项，也有的不写结语。如有结语，要有号召力。

（3）落款

落款一般包括制订计划的单位和日期两项。日期写在正文的右下方，一定要详写，包括年、月、日，如有必要，最后要加盖公章。

计划工作是一座桥梁，它把我们所处的此岸和我们要去的彼岸连接起来，做好计划管理工作可以预测未来，指明方向，提高成功的可能性，提高工作效率，整合资源，对工作结果进行有力的控制。

·任务二· 实现目标，赢在执行力

一、赢在执行力

小故事

有这么一个寓言故事：某地的一群老鼠，对附近一只凶狠无比、善于捕鼠的猫非常忌惮。有一天，老鼠们群聚一堂，讨论如何解决这个"心腹大患"。老鼠们颇有自知之明，并没有猎杀此猫的雄心壮志，只想探知此猫的行踪，早做防范。有只老鼠建议在猫身上挂个铃铛，如此一来，当此猫接近时，老鼠们就能预先做好逃遁的准备。它的提议立刻引来满场的叫好声，这时，有只老鼠突然问道："那么，谁来挂铃铛？"

科学合理的战略部署是执行的前提！战略如果脱离实际，就很难执行。

《亮剑》里有个情节，李云龙同赵刚商量组织一个特别小队，挑选会武功的战士，赵刚说："那好，这事你尽快去办！"李云龙说："不用尽快，我马上就去！"——这就是执行力！

（一）执行力的概述

执行力，指的是贯彻战略意图，完成预定目标的操作能力，是把企业战略、规划转化为效益和成果的关键。执行力包含完成任务的意愿、完成任务的能力和完成任务的程度。

执行力，对个人而言是办事能力，对团队而言是战斗力，对企业而言就是经营能力。衡量执行力的标准，对个人而言是按时、按质、按量完成自己的工作任务，对企业而言是在预定的时间内完成企业的战略目标。

1. 执行力对个人的重要性

个人执行力是指个人把上级的命令和想法变成行动，把行动变成结果，按时完成任务的能力。个人执行力是指一个人获取结果的行动能力；总裁的个人执行力主要表现为战略决策能力；高层管理人员的个人执行力主要表现为组织管控能力；中层管理人员的个人执行力主要表现为工作指标的实现能力。

对个人而言，没有执行力（或称行动力），一切梦想、设想、构想、理想，都只能是幻想和空想。没有执行力，将一事无成。

2. 执行力对组织的重要性

团队执行力是指一个团队把战略决策持续转化成结果的满意度、精确度、速度，它是一项系统工程，表现出来的就是整个团队的战斗力、竞争力和凝聚力。团队执行力是将战略与决策转化为实施结果的能力。公司若为了维护组织自身的平衡稳定，将大量的时间和精力花在了企业内部协调、开会、解决人事问题、处理各种管理纷争上，则会变成"为了存在而存在"，而不是"为了客户而存在"，最终导致执行力低下。

当企业的战略方向基本确定时，执行力就变得尤为关键。通用电气集团前任总裁韦尔奇先生认为，团队执行力就是"企业奖惩制度的严格实施"。团队执行力就是当上级下达指令或要求后，下属迅速做出反应，将其贯彻或者执行下去的能力。如果没有执行力，战略就是一句空话。

（二）执行力缺失的原因

1. 个人执行力缺失的原因

员工执行力强，一般是指员工能够快速行动，并能够在既定的时间内保质保量地完成任务。我们可以观察一下自己身边的同事，哪些人执行力强，哪些人执行力弱。员工执行力缺失的原因主要有以下4点。

（1）缺乏上进心，自我要求标准低

对工作缺乏主动性，对于本职工作和分内应承担的事情缺乏追求和上进，对自己的要求标准低，做事浅尝辄止，遇到困难就"掉头"。这样的员工很难有很强的执行力。

（2）意志不够坚定，缺乏毅力，不能吃苦

吃苦耐劳的精神有所淡化，不能吃苦，缺乏毅力，没有坚决完成任务的坚定信念，一遇到困难往往选择逃避，而不是勇敢面对、积极寻找方法或者寻求帮助。

（3）拖延，缺乏行动

"最消磨意志、最摧毁创造力的事情，莫过于拥有梦想而不开始行动。"拖延不会让事情凭空消失，只会使普通的事情变成紧急的事情。拖延消磨了意志，使人丧失了进取心。一旦遇事拖延，很容易再次拖延。拖延，只能让他人领先。任何憧憬、理想和计划，都会在拖延中落空。

（4）优柔寡断、不敢决策

缺少自强自立、决定取舍的意识，在工作过程中追求尽善尽美，会导致犹豫不决，应该尽可能排除外界的干扰和暗示，稳定情绪，由此及彼、由表及里地仔细分析，这样才能果断决策。

2. 组织执行力缺失的原因

（1）没有形成强有力的执行文化

没有形成强有力的执行文化，也就没有了严格执行的工作氛围。执行力文化就是把执行力作为所有行为的最高准则和终极目标的文化，关键在于通过塑造企业文化来影响企业所有员工的行为，进而提升企业的执行力。企业的执行力文化会在无形中感染员工，影响企业员工的行为，引导执行者向共同的目标努力。因此，企业领导者最大的任务之一就是打造企业的执行力文化。

清华中旭商学院院长郭鹏老师认为，企业构建执行力文化的关键在于领导者能否从战略高度看待企业执行力，以及由此引发的信念和决心到底有多大。

（2）领导者缺乏表率

春秋时代，鲁国法律规定：如果鲁国人在外国沦为奴隶，有人出钱赎回来，事后可由国家报销。子贡是孔门高徒，经商有方。一次，他赎了一个人，事后却拒绝了国家支付的赎金。孔子听说后对子贡说："你这是不对的，因为你开了个坏的先例，从此不会有鲁国人再肯为沦为奴隶的人赎身了。你接受了国家补偿的赎金，不会损害你行为的价值；你拒绝这笔赎金，只会破坏国家那条好法律。"古人曾云："己身不正，虽令不行。"

领导者如果在管理上不断提升和优化，执行力肯定会得到前所未有的加强。如果领导者在工作中宽以待己、严于律人，自己没有做好表率，那又何以服人，又怎能带出有执行力的团队？领导者以身作则的工作行为方式是打造卓越执行力的助推器。

（3）员工缺乏执行力

执行力归根结底在于人，企业要提升整体执行力就必须有执行力强的员工。员工缺乏执行力，是因为他们没有明确自己的定位和职责。企业中想做大事的人多，而愿意把小事做完美的人却很少。员工是终端的执行者。在这个瞬息万变的年代里，唯有员工可以长久地保持企业的竞争力。因此可以说，优秀的执行人员是完成任务的一把"万能钥匙"。

（4）缺乏监督和考核

一家成功的企业离不开科学的预测、正确的决策、严格的管理和有效的监督。制度的落实不仅需要员工自觉维护，更需要组织监督。上学时，学校老师如果不检查布置的作业，学生会出现应付与侥幸的心态。IBM前CEO部士纳说过两句话：第一句话是员工不会做你希望他做的，只会做你检查的；第二句话是如果你强调什么就会检查什么，你不检查就等于不重视。

没有相应的管理制度、工作流程，或者出台的制度、流程不够严谨或过于烦琐，都不利于执行。员工在执行过程中无法做到"有章可循，有法可依，有流程可走，有表单可用"，就无法提升执行力。

（5）没有奖惩

好的管理理论、管理方案、管理模式固然对企业管理有很大的作用，但是如果做不到奖惩分明，是很难取得实质性效果的。企业战略的实施，关键在于企业要有一个奖惩分明的激励机制。没有奖惩分明的激励机制，企业领导的很多想法和决策，甚至是很多决议和指令，在执行过程中不能很好地被执行，有的甚至变得面目全非，员工的积极性、主动性和凝聚力不见踪影，以致经营业绩下降、企业陷入困境，难以实施企业战略。

在任何一支团队中，只有制定明确的赏罚制度，才能有效管理团队中每个人的行为。对于创业公司来说，明确赏罚制度不仅是约束员工行为的方式，更是用一种工作制度引领出一种工作态度。只有明确了赏罚制度，员工才会严格执行，而以此逐渐形成的工作氛围就是该公司今后企业文化的雏形。

（三）提高执行力

1.提高个人执行力的方法

（1）树立目标，加强危机意识

执行力有目标、利益和危机三大驱动力。有目标才有愿望，有利益才有动力，有危机才有压力。员工应改变自己浑浑噩噩的状态，认识到社会竞争的残酷，做好个人的职业生涯规划；制订阶段化的目标和切实可行的计划，并严格要求自己，提高自己的工作能力和执行力；通过目标的牵引和危机感的推进，改变自己安于现状的状态。

（2）磨炼意志，培养毅力

曾仕强曾说："我们要了解，一个人如果没有做大事的打算就算了，既然要做大事，就要面对困难和挫折。挫折越严重，你就越知道自己是要做大事的人，这样激励自己才能成功。"因此，遇到困难或挫折，要有"啃下硬骨头"的勇气和决心，绝不轻易放弃！

（3）绝不拖延，立即行动

执行力的核心就是马上行动，绝不拖延。晏子说："为者常成，行者常至。"行动未必带来好的结果，但不行动就永远不会有结果。行动撬动梦想。说一尺，不如做一寸；想一丈，不如做一尺。任何事立刻去做的人才是伟大的人。不怕自己不懂，只怕自己不做，边做边学，总会有成绩的。因此，要做行动的巨人！

（4）不要迟疑，当机立断

哥伦布说："即使决定是错误的，那我们也可以通过执行把事情做对，而不是再回头讨论。"如果我们总是希望能把事情考虑周全以后再行动，这样的思路固然没错，但这是瞻前顾后、犹豫不决的体现。我们做事一旦犹豫不决，就会畏缩。畏缩就无法前进，从而会失去很多机会，留下无线的悔恨。

🔍 案例讨论

有一个农夫一早起来，告诉妻子说要去耕田，当他走到 40 号田地时，却发现耕耘机没有油；原本打算立刻要去加油的，突然想到还没有喂家里的家禽，于是转回家去；经过仓库时，望见旁边有几个马铃薯，他想到马铃薯可能正在发芽，于是又走到马铃薯田去；路途中经过木材堆，又记起家中需要一些柴火；正当要去取柴火的时候，看见一只生病的鸡躺在地上……这样来来回回跑了几趟，这个农夫从早上一直到太阳落山，既没有加油，也没有喂家禽，也没有耕田……很显然，最后他什么事也没有做好。

原因是什么？

做好目标设定、计划和预算是执行的基础，做好时间管理是提升执行效率的保障。

2. 提升组织执行力的方法

（1）创建强执行力文化

各级领导必须参与自己职能部门的具体工作中，成为带动全局的发动机！领导者需要有一种执行的本能，领导者必须相信：除非我让这个计划真正转变成现实，否则我现在所做的一切根本没有意义。因此，领导者必须参与具体的运营过程，深入员工中去，找到各阶段具体的执行情况与预期的差距，并进一步对各个方面进行正确的引导，解决困难，直至成功，这才是企业领导者最重要的工作之一。不论组织大小，这些关键工作都不能随意交给其他人完成。

（2）领导者做好表率

企业文化与其说是企业的文化，不如说是领导者的文化。因为，企业领导者的价值理念和倾向在很大程度上决定了企业的价值理念和战略选择。进一步说，企业领导者对执行力的态度决定了企业执行力的强弱程度。

如果企业的领导者能从战略高度来看待执行力，并对此有了"将'执行'执行到底"的坚定信念和决心，那么，企业领导者就会通过其言传身教在企业内部逐步构建一种执行力文化，让执行力成为所有行为的最高准则和终极目标。

🔍 小故事

一次，曹操在行军中见一路麦子已熟，老百姓看到官兵而至，不敢割麦，纷纷逃避。曹操派人告诉老百姓和各地的官员："吾奉天子明诏，出兵讨逆，与民除害，方今麦熟之时，不得已而起兵，大小将校，凡过麦田，但有践踏者，并皆斩首。军法甚严，尔民勿得惊疑。"百姓闻此言，无不欢喜称颂，望尘遮道而拜。

曹操的坐骑在急行军中，忽然一只斑鸠从麦田中起飞，惊吓了曹操的坐骑，马窜入麦田中，踏坏了一大块麦田。曹操随即呼唤行军主簿，要治自己的踏麦之罪。主簿说："丞相何罪之有？"曹操说："吾自制法，吾自犯之，何以服众？"随即抽出佩剑欲自刎。众将立刻阻拦。谋士郭嘉说："古者《春秋》之义，法不加于尊。丞相总统大军，岂可自戕？"曹操沉思片刻道："既《春秋》有法不加于尊之义，吾姑免死。"乃以剑割自己的头发，掷于地说："割发权代首。"此事在军中传开，三军上下无不悚然，无不禀遵军令。

身教胜于言教，领导者的表率作用对执行力的影响是决定性的。因此，领导要身先士卒，做好强执行力的表率。

（3）完善制度、简化流程

制度或流程都要简洁、精练，便于理解，更要便于执行。简单才有力量，简单才有执行力。要制定出系统的管理规章制度，这样员工在执行过程中才能真正做到有章可循，有法可依，流程清晰，条理分明，大幅提升工作效率。有执行力的领导者通常说话不拐弯抹角，也不虚伪矫饰，只是直陈己见。他们知道该如何化繁为简，让别人容易了解、评估并且展开实际行动，所以他们的话语常能成为众人所遵循的常规。

🔍 小故事

任正非有个非常著名的理论：在引进新的管理体系时，要先僵化，后优化，再固化。他对中层干部讲：5年之内不允许你们进行幼稚创新，顾问们说什么，用什么方法，即使认为不合理，也不允许你们动；5年以后，把系统用好了，我可以授权你们进行局部的改动；至于结构性改动，那是10年之后的事。正是因为这种对制度的尊重和始终如一的贯彻，才创造了华为的春天。

（4）选择有执行力的员工

无论企业的战略规划和发展目标如何完美，要想达到目的，就必须拥有真正能够贯彻执行的人。做一名有执行能力的员工，既能实现自己的目标和价值，也能帮助公司实现利润最大化。通常来说，有执行力的人具备以下特点：自动自发，注意细节，为人诚信、负责，善于分析、判断和应变，乐于学习，具有创意，对工作有韧性，人际关系（团队精神）良好，有强烈的求胜欲望等。但这只是执行人员应用具备的最基本的素质。不同的执行任务往往需要执行人员有不同的特点，企业应当根据具体的执行任务量体裁衣，这样才能帮助人才更有效地发挥作用，为任务的完美执行提供切实保证。

作为领导能找到完成任务的人，是他的目标；成为能完成任务的人，是每一个员工的目标。养成主动工作、积极进取习惯的员工，很容易在职场中找到自己的位置，并获得成功。企业需要有执行能力的员工，员工需要发展的平台。只有通过双方不断的努力、进步，才能实现"双赢"。

🔍 小故事

小李是一名刚大学毕业的大学生，自信开朗，性格外向，毕业不久就被一家外企成功录用了。于是，小李每天背着公文包，穿着西装革履去上班，但好景不长，没到两个月却被辞退了，小李垂头丧气地来到职业指导窗口，他嘟囔着说道："现在这社会情商最重要，可老板竟然嫌我太活络。"通过了解，虽然小李短短两个月在公司获得了很好的人际关系，但是他都没有完成老板交办的几次任务，最后落个"眼高手低，执行力太差"的糟糕评语。

（5）监督检查、跟进追踪

即使有了简单明确的目标，如果没有人重视，也不能起到其应有的作用。企业中有不少计划，都是因为未及时进行后续追踪而导致失败的，这也是执行无力的主要原因。后续追踪是计划得以成功执行不可或缺的要素。执行力良好的领导者都会严谨地进行后续追踪，以确保负责计划的人员能依照原定进度完成当初承诺的目标。同时，也能厘清执行过程中的具体细节，并及时指导下属，协助解决困难。另外，如果外在环境发生变化，完善的后续追踪也可使执行者迅速、灵活地应变。

（6）奖惩分明，回报员工——认可执行力

有人提出"执行力＝制度＋监督＋奖罚"这样一个公式，这的确是一个可以立竿见影的办法。汉代大将霍去病曾说："作为将军，不一定要和士兵同吃同住，只要奖罚分明，士兵自然勇往直前。"刚开始，大将军卫青不以为然，但是事实证明霍去病的论断是正确的，他的部队所向披靡，无人能挡，取得了赫赫战功，让人不得不折服。由此，我们可以总结出这样一个道理：在企业里，奖惩分明也是提高执行力的有力杠杆。奖罚是一种鲜明的导向：执行力好的，该奖励的要奖励，不要心疼；执行不到位的，该处罚的要处罚，不要手软。对企业来说，制定赏罚制度是很有必要的，它不仅是对员工的激励，更是对他们的有效管理。如何调动员工的工作积极性，以及如何遏制他们的消极工作情绪，都需要利用奖惩制度去管理。

（四）执行力的理念与原则

1.执行开始前：决心第一，成败第二

首先要有决心去完成这个工作，从气势上讲要有亮剑精神。为什么李云龙团队的执行力很强，李云龙团队有个重要的文化就是"亮剑精神"，所谓亮剑就是明知不敌而必亮剑，必须勇者胜，从气概上必须要有战胜对手、战胜困难的决心，这也是在领导面前建立起领导对你的信心。如果你已处在执行阶段，还在想是不是应该做，这时执行就会出现问题。执行的关键是建立必胜的信心和决心：任何事只要你认为做不成，那成功的概率就是零；有了必胜的信心和决心，成功的概率就比较高了。

2.执行过程中：速度第一，完美第二

"速度第一，完美第二"，是因为完成比完美更重要。不是所有的事情都准备好了，所有的条件都具备了才去执行，很多时候是做着做着就会了，在摸索中前进，在过程中、奔跑中不断地提升自己的能力，这样才可以逐渐完美。不能因为一味地追求完美，导致迟迟不能完成任务或严重降低了完成任务的速度。企业永远喜欢有速度的人。

3.执行结束后：结果第一，理由第二

眼中有结果，就不会有困难；眼中有困难，就不会有结果。结果和困难是跷跷板的

两端。每个人都会经历失败，失败并不可怕，但不能放弃，执行是一个试错的过程，必须先行动起来。我们只相信已经发生的事实，只关心正在发生的事实和数据。不要总是给自己开脱，总是先找一堆借口和理由。当你做这个任务时一定要讲究结果，无论你多么勤奋，态度多么好，无论你在领导的面前如何服从、敬业，这些都不重要，重要的是你能做出结果。职场人是靠结果生存的，是不能靠理由生存的。所以，在执行的过程中，多想办法，少想借口。

二、追求卓越，实现目标

说说看

执行计划的过程中都遇到了哪些问题？目标执行的效果怎么样？

（一）PDCA 循环的概述

PDCA（Plan，Do，Check，Action，即策划、实施、检查、处置）循环管理是全面质量管理的工作步骤。PDCA 循环就是按 4 个阶段循环不止地进行全面质量管理。PDCA 循环是由美国质量管理专家沃特·阿曼德·休哈特首先提出的，由戴明采纳、宣传、普及，所以又被称为"戴明环"，它是全面质量管理所遵循的科学程序。全面质量管理活动的全部过程，就是制订质量计划和组织实现的过程，这个过程就是按照 PDCA 循环周而复始地运转的。

PDCA 循环作为全面质量管理体系运转的基本方法，其实施需要搜集大量的数据资料，并综合运用各种管理技术和方法。如图 6-4 所示，一个 PDCA 循环一般要经历以 4个阶段、8 个步骤。

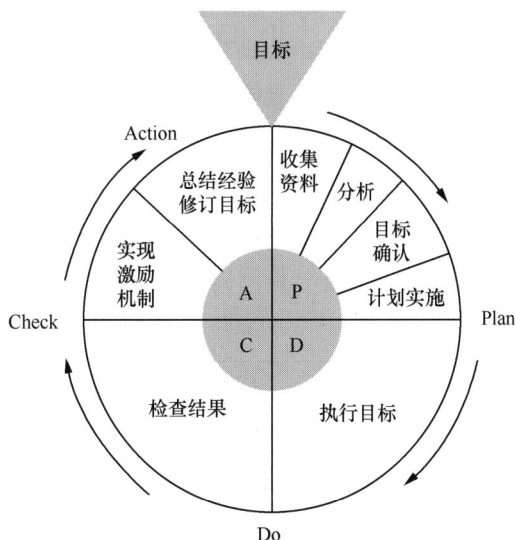

图 6-4 PDCA 循环

（二）PDCA循环的4个阶段

P：包括方针和目标的确定，以及活动规划的制定。

D：根据已知的信息，设计具体的方法、方案和计划布局；再根据设计和布局进行具体运作，实现计划中的内容。

C：总结执行计划的结果，分清哪些对了，哪些错了，明确效果，找出问题。

A：对总结检查的结果进行处理，对成功的经验加以肯定，并予以标准化；对于失败的教训也要总结，引起重视。

（三）PDCA循环的特点

PDCA循环可以使我们的思想方法和工作步骤更加条理化、系统化、图像化和科学化，它具有如下特点。

① 大环套小环，小环保大环，互相促进，推动大循环，如图6-5所示。

② PDCA循环是爬楼梯上升式的循环，每转动一周，质量就提高一步，如图6-6所示。

③ PDCA循环是综合性循环，4个阶段是相对的，它们之间是相关的。

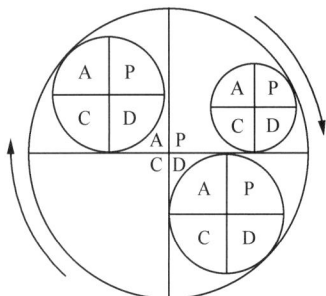

图6-5　PDCA循环的特点（1）　　　　图6-6　PDCA循环的特点（2）

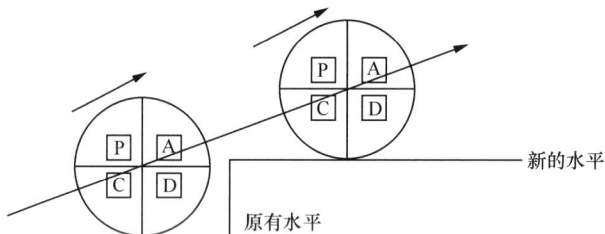

④ 推动PDCA循环的关键是"处理"阶段。

（四）PDCA循环的8个步骤

步骤一：分析现状，找出问题

发现问题是解决问题的第一步，是分析问题的条件，强调的是对现状的把握和发现问题的意识、能力。

步骤二：分析产生问题的原因

分析各种问题中的影响因素，运用头脑风暴法等集思广益的多种科学方法，找出导致问题产生的所有原因。

步骤三：要因确认

分析主要因素，找到主要因素才能够彻底解决问题。区分主因和次因是有效解决问题的关键。

步骤四：拟定措施、制订计划

这里可以运用前面学习到的5W1H分析法，即为什么制定该措施（Why），达到什么目标（What），在何处执行（Where），由谁负责完成（Who），什么时间完成（When），如何完成（How），只有明白了实施措施的时间节点，才能解决问题，才有可能进行后面的一系列步骤。要为每个问题的目标设置实施的期限，没有期限的目标解决不了问题。

步骤五：执行措施、执行计划

根据计划措施开展解决具体问题的工作。高效的执行力是组织完成目标的重要一环。

步骤六：检查验证、评估效果

检查验证就是将完成的计划结果和之前预计的目标进行比对。"下属只做你检查的工作，不做你希望的工作。"IBM前CEO郭士纳的这句话一语道出了检查验证、评估效果的重要性。

步骤七：标准化，固定成绩

标准化是维持企业治理现状，积累、沉淀经验的最好方法，也是不断提升企业治理水平的基础。标准化是企业治理系统的动力，没有标准化，企业就不会进步，甚至下滑。完成检查执行之后，要进行经验总结：对于成功的经验，要把它们作为标准固定下来；对于失败的教训，也要吸取改正。

步骤八：处理遗留问题

PDCA循环的4个过程不是运行一次就完结的，而是周而复始地进行的。一个循环结束了，解决了一部分问题，可能还有问题没有被解决，或者又出现了新的问题，于是再进行下一个PDCA循环，这样周而复始，螺旋上升。PDCA循环过程如图6-7所示。

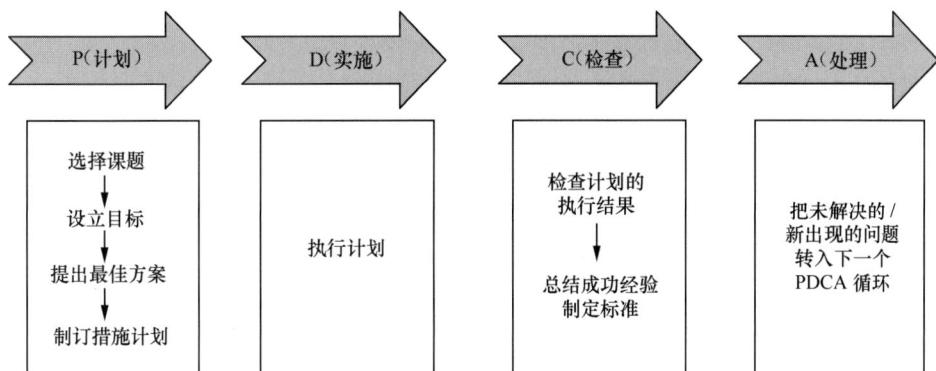

图6-7　PDCA循环过程

PDCA循环实际上是有效进行任何一项工作的合乎逻辑的工作程序。在质量管理中，PDCA循环得到了广泛应用，并取得了很好的效果，因此有人称PDCA循环是质量管理的基本方法。PDCA管理模式的应用对我们提高日常工作的效率有很大的益处，它不仅可以应用在质量管理工作中，同样也适合其他各项管理工作。

思考练习

请用 PDCA 循环分析最近自己正在执行的目标，并画出相应的循环图，提出改进优化的方案。

拓展训练

作为大一新生，你找到大学 4 年为之奋斗的目标了吗？请结合 SMART 原则，确立好自己的目标，并结合计划制订一份"我的大学目标计划书"。

项 目 总 结

无论是个人还是企业、组织，要往前发展，要有所成长，都需要一个前进的方向。从今天开始，锁定自己的目标，制订切实可行的计划，脚踏实地地执行，再用 PDCA 循环法检验、优化，让自己更接近成功。

第七章
开启创新之门

项目简介

项目背景

我们常见的番茄酱包装有很多种，例如，玻璃瓶装、挤压瓶装、小袋包装等。A企业是第一个把调味料装进玻璃瓶里进行销售的品牌，因为玻璃瓶拿在手上特别有分量，让人感觉高档、讲究、质量好。但随着玻璃瓶番茄酱的推出，弊端也慢慢被发现：装在玻璃瓶中的番茄酱，虽然有质感，但是很难倒出来。

不少商家收集到消费者的反馈后，推出了流动性较强的番茄酱，但却被消费者误解为兑水严重、商家无良。A企业是怎么做的呢？它们趁势推出了一波营销战："美好的事物值得等待。"同时，A企业又推出了"倒置挤压瓶"，其广受消费者好评。

在善于进行创造性思维的人眼中，不存在"不能做"的事情，而是相信一定能在困难中找到突破点，并运用灵活的思维和方法去解决问题。A企业的聪明之处在于始终以消费者体验为导向，有效进行市场分析并不断调整产品设计，保障企业科学地做出营销决策。

项目目标

① 认识创新，了解创新思维的构成。 ② 了解生活中的创新，体会创新的价值和意义。
③ 掌握提升创新意识的方法。 ④ 掌握工作中创新的切入点和方法。

知识图谱

培养创新思维

通过这次任务，我们一起来认识创新，了解创新思维，重点关注创新思维的方式，能够应用创新思维模型解读我们日常生活中的创新。

案例讨论

在一次欧洲篮球锦标赛上，保加利亚队与捷克斯洛伐克队相遇。当比赛最后剩下8秒时，保加利亚队以2分优势领先，应该说是稳操胜券的。但是，那次锦标赛采用的是循环制，保加利亚队必须赢球超过5分才能胜出，可要用仅剩的8秒再得6分，谈何容易。

这时保加利亚队教练突然请求暂停，暂停后比赛继续进行，球场上出现了令人意想不到的事情，只见保加利亚队队员突然运球向自己篮下跑去，并迅速起跳投篮，球应声入网。全场观众目瞪口呆，比赛时间到。可当裁判员宣布双方打成平局需要加时赛时，大家才恍然大悟。

保加利亚队这出人意料之举，为自己创造了一次起死回生的机会。加时赛的结果是保加利亚队赢6分，如愿以偿地出线了。

你能说出这个故事里保加利亚队运用了怎样的创新思维使自己转危为安吗？

一、创新和创新思维的定义

（一）创新的定义

创新是一个内涵丰富、综合的概念，具有目的性、能动性、规律性、变革性、新颖性、发展性、价值性等特征。"创新"从本质意义上理解，可以概括为人们为实现一定目的，遵循事物发展的规律，对事物的整体或其中的某些部分进行变革，从而使其得以更新与发展的活动。这种更新与发展可以是事物从一种形态转变为另一种形态，也可以是事物的内容与形式由于增加新的因素而得以丰富、充实、完善等，还可以是事物内部构成因素重新组合，这种新组合导致事物的结构更合理，功能更齐全，效率更卓越。对学生而言，创新主要是指学生能够以自己独特的方法学习知识、思考问题，创造出新的理论与实践成果。

（二）创新思维

创新思维是相对于习惯性思维而言的，它是一种超出已知的认识范围，具有开创意义的思维活动。它是人们面对新的问题和领域，运用新的认识方法，开创新的认识成果的思维。因此，创新思维必须产生新东西。从结构层面来看，创新思维的本质在于主体根据解决问题的需要不断调整与顺应，使自己的思维突破和超越原有的思维结构。

一般认为，创新思维主要包括以下4个方面的内容。

① 创新思维是人类思维活动的高级形式。

② 产生创新思维的前提条件是必须突破旧的思维模式。

③ 创新思维虽然要以逻辑思维为主导，但是同时必须有非逻辑思维参与。

④ 创新思维是一个以发散思维为主要思维形式的多元综合系统。

创新思维是在客观需要的推动下，以新获得的信息和已储存的知识为基础，综合地运用各种思维形态或思维方式，克服思维定式，经过对各种信息、知识的匹配、组合，从中选出解决问题的最优方案，或者创造出新方法、新概念、新形象、新观点，从而使认识或实践取得突破性进展的思维活动。

二、破除传统思维的枷锁

在日常的学习生活和工作中，我们常常听到"从来没有这么做过""这个不行，做不了，领导绝不会赞成的，为什么要改？以前运行得不错的""我们没有时间，我们还没准备好做这样的事""我们会变成别人的笑柄"等。其实，这些都是被传统思维束缚的体现，下面为大家介绍几种常见的思维障碍。

（一）从众型

顾名思义，从众是跟随大众、随大流，在这种思维下，个体往往会缺乏批判精神和自主判断的能力；产生的原因往往是较多地受外界的影响。从众的体现一般为"跟着大家走没错""枪打出头鸟"等。不同的枷锁需要不同的钥匙解开，面对从众型，改善的建议是尝试克服这种心理，坚持自我。

（二）权威型

在思维领域，不少人习惯于引证权威的观点，不假思索地以权威是非为是非，一旦发现与权威相违背的观点或理论，理所应当地认为必错无疑。这种想法产生的原因通常受传统教育影响所成，例如，过渡地崇拜权威。权威人物的观点与思想并不一定是完全正确的，也并不一定是适合每一个人的。改善的建议是自己要具有足够的分辨能力，彻底地审查其是不是本专业的权威，是不是本地域的权威，是不是最新的权威，是不是借助外部力量的权威，要做到尊重而不迷信。

（三）经验型

如果过分相信与依赖以往的经验，反而不利于解决问题。经验型思维障碍主要体现为初生牛犊不怕虎，改善的建议是不盲目运用以往的经验来解决问题，打破对经验的依赖和崇拜，对具体项目进行具体分析，将经验转变为创新。

（四）书本型

人们往往不敢质疑权威，探索新的领域。我们在学习书本知识的同时，建议多用批判精神，敢于质疑，活学活用。

（五）自我中心型

人们会自觉或不自觉地按照自己的立场去思考别人乃至整个世界。自我中心型思维障碍产生的原因通常是利己主义、个人主义思想，改善的建议是跳出自我，多从他人的角度考虑事情。

创新思维是指以新颖独创的方法解决问题，也即突破常规思维的界限，以超常规甚至反常规的方法、视角去思考问题，提出与众不同的解决方案，从而产生新颖的、独到的、有社会意义的思维成果。创新的关键是敢于破除传统思维的枷锁，从多个不同的角度研究和思考，提高创造力。

三、创新思维方式

除突破阻碍创新意识的因素，生活中还有很多拓宽创新思维的方式，例如，尝试改变思考顺序、角度等，接下来分享 4 种创新思维方式。

（一）发散思维和收敛思维

发散思维又称辐射思维、放射思维，是指从一个目标出发，沿着各种不同的途径去思考，探求多种答案的思维方式，它与收敛思维相对。应用发散思维解决某一问题会有很多答案，即以这个问题为中心，思维的方向像辐射一样向外发散，找出的答案越多越好，然后从诸多答案中找出最佳答案以便有效地解决问题。运用发散思维的目的是针对一个特定的话题，在短时间内尽可能产生更多新的想法和主意。

收敛思维又称求同思维法、集中思维法，是指从已知信息中产生逻辑结论，从现成的资料中寻求正确答案的一种有方向、有条理的思维方式。收敛思维强调答案的正确性，对于问题的解决应用会受到约束，没有自由。

发散思维与收敛思维构成有机统一体，在进行思考、解决困难的过程中，这两种思维方式相互作用、互相促进。发散思维有助于诞生更多新的想法，收敛思维应用于从众多可行、合适的解决方案中识别和选择最有效的方案。

（二）批判思维和辩证思维

批判思维是在对事物或者事情进行思考时，用批判的、辩证的思维方式，对问题的识别、分析、判断和解决。批判思维的过程依附于个体的思想开放性及认知的成熟程度。辩证思维是指以变化发展的视角认识事物的思维方式，观察问题和分析问题时以动态发展的眼光来看待问题。

批判思维作为广义的创造性思维，是辩证思维形成的必要条件和必经环节。从某个方面来说，批判思维是创新思维的基础。创新思维强调灵活性、原创性，目的是刺激好奇心，拓宽维度，促进发散性思考。整个过程是新想法诞生的过程，有时需要跨越不同的学科，打破已经建立的具有象征意义的规则或过程。只有突破旧观念和旧知识的束缚，才能提出并确立新观念和新思想。

（三）想象思维和联想思维

想象思维是形象思维的具体化，是人脑借助表象进行加工操作的主要形式，是人类进行创新及活动的重要思维形式。想象力是人们在头脑中创造一个念头或画面的能力，企业家能够成就一番事业，除了具有创造思维，还要有想象力，如同创造力一样，想象力是能通过后天开拓、训练得以提升的技能。

联想思维是一种由一个事物的表象、词语、动作或特征联想到其他事物的表象、词语、动作或特征的思维活动。随着个人知识水平和经验的增长，人们往往会忽视想象思维和联想思维所带来的创新能力，其实它们能帮助人们更好地发现问题的实质。联想思维能够帮助人们在原有知识经验和有待改进发明的事物之间建立有效联系，通过事物的联系、对比、同化等条件，把诸多事物联系起来思考，开阔思路，加深对事物之间联系的认识，并由此形成创意和方案。

小故事

牛黄

牛黄是一种比较贵重的中药，它是牛肚子中长的胆结石，很稀有。"能不能用人工方法合成呢？"有几位年轻的制药工人想起了人工培育珍珠的方法：把少量的异物塞入河蚌内，在异物的长期刺激下，蚌体内就会慢慢地形成珍珠。于是，他们决定移植这种方法：在牛的胆囊中放进一段异物，一年后，剖开牛胆，果然就得到了牛黄。从此，人们得到了一种低成本生产牛黄的方法。

（四）设计思维

设计是人们按照自己的想法构建出符号世界，并且最终在物质世界进行创作的过程。设计思维的核心理念是以人为中心，宝洁、SAP、西门子等企业争相将其作为内部创新的主流方法。设计思维常常与美学思维共同使用，设计思维强调创造结果，即各种新思路、新谋略、新对策，以及各种新发现、新思想、新设计、新产品、新筹划和新假设，而美学思维强调人对美的感知与创造。

其实，设计思维一直都在我们身边，假如你现在要装修新房子，来到商场后我们按照自己的喜好和家的格局选择沙发、落地灯、电视柜等，这时你没有采用任何一种模板，而是完全选择自己喜欢的配色和造型。其实在这个过程中，你已经较好地运用了设计思维。我们在思考需要一些什么家具、希望是什么样的风格、它们该如何摆设。与过去请装修公司按照固定模板装修的形式不同，你拥有了"我的空间我做主"的体验，商场只是为你提供了各种单品，每个人都能拥有不同的装修方案。设计思维就是这样的一种思考模式，它追求创造不确定的答案。

实施设计思维的过程通常由共情、定义和描述问题、探索点子、设计原型以及测试验证构成。在产品研发中，设计思维较好地弥补了传统方式的弊端，为产品的打造提供了多元化的意见输入。从本质上讲，设计思维的过程是迭代的、灵活的，是预先设定一个功能目标，然后不断改进，直至实现目标。

思考练习

1.请以个人使用过的某款电子产品为例，用发散思维列举 10 个待改进之处。

2.请运用强制联想，通过 3 ～ 5 个中介词语将以下词语联系起来。

森林_____、_____、_____、_____足球

美食_____、_____、_____、_____讲台

科技_____、_____、_____、_____讲水杯

3.请用思维导图作为工具，以任意一款产品为例，用联想思维快速构建一条思考链，将信息串联在一起，尝试思考形成创新创意方案。

·任务二· 改变生活，源自创新

创新无处不在，创新改变生活。首先，要发现我们身边的创新，认识到创新的意义和它带给我们的好处。其次，在带领大家体会生活中的创新后，学习提升创新意识的方法。最后，需要你充分激发创意和想象。下一个创意达人，也许就是你！

一、生活中的创新，无处不在

生活中的创新虽然是我们触手可及的，却是最少注意的。下面让我们关注一下生活中的创新，一同体验创新给我们生活带来的便利吧！

🔍 小故事

日本人安藤百福看到拉面摊前大排长龙，濒临破产的他想到了一个新产品，

为什么不发明一种水冲泡几分钟即可食用的拉面呢？于是他成了第一个发明泡面的人，后来成为知名餐饮企业——日清食品的董事长。

思考练习

创新能给我们带来什么好处？安藤百福的成功源自他自身的哪些优势/品质？创新一定是专家或者学者的专利吗？能谈一谈我们生活或学习中的小创新吗？这些创新如何方便了我们的学习和生活？

案例讨论

福州友宝创始人应向阳：福布斯创业榜上的"85后"创业者

教室里，学生们都在安静地听老师讲课。突然，他设置成振动的手机响了起来，他赶忙悄悄俯下身接听："韵达快递，校门口取件。"他小声说："上课呢，取不了。""那就明天吧。"对方挂断了电话。他抬起头，面对聚拢过来的目光，十分尴尬。实验室里，他正在编程，手机响了，摸过来一听："圆通快递，校门口取件。"他迟疑了一下，但还是去了，因为这个件实在急用。可等他从校门口跑回实验室，思路却被打乱了，不得不重新再来，这让他很是懊恼。后来，他发现为收快递而发愁的不只是他一个人，其他人也感到非常不方便。放暑假回到家，他发现收件同样是问题，由于他所在的小区物业不负责代领快件，他必须一接到快递员的电话就马上下楼，赶到小区门口取件。有时候碰巧人不在家，就只能等到第二天再拿快递。不过，烦恼也给了他灵感，让他嗅到了商机——能不能设计一种产品为大家取件提供便利。他马上联想到超市的储物柜，将它接入网络，问题或许能得到缓解。2012年9月，他和几位同学共同出资创办了一家公司，开发物联网的智能快递终端，以解决快递派送的"最后一公里"难题。

应向阳能做到，那么我们和他的差距在哪里？每个小组讨论并且确定生活中的一个烦琐问题，一同拟定解决方案或者设计出相应的产品。

创新存在于生活中，而且就在我们触手可及的地方。创新的践行者也就是平凡的你、我、他。即便是一个小小的创新，也能够帮助我们简化生活中的困扰，长此以往，积淀下来的创新意识将在我们今后的人生中会慢慢地开花、结果。那么，如何提升我们的创新意识呢？

二、如何提升创新意识

创新不是凭空臆造的，它建立在知识传播、转化和应用的基础之上，怎么做才能让我们具有一定的创新意识呢?

(一)注意观察,多思考

我们应该都有过这种经历:在学校上课,老师让想想点子,我们会觉得思维枯竭,反而平时在路上、食堂,甚至操场的时候常常灵光一现。因此,我们要注重平时的观察,把各种想法积累下来。观察能力是创新活动的开端和源泉,创新能力的形成与观察力的敏锐性、准确性、全面性有很大的关系。提升创新意识,我们可以从以下 3 个思考方式做起。

1. 逆向思维

"于无疑处有疑,方为进矣""有疑则进,无疑不进""大疑大进,小疑小进"这几句古言揭示了:如果一个人不会发现问题和解决问题,那么他的生活乃至事业必定是一团糟的,而逆向思维是解决这个问题的黄金工具。逆向思维是指与现有事物或理论反方向的一种创新思维方式,也就是要从相反的方向思考问题。

小故事

　　日本人中田想改进圆珠笔,并试图解决圆珠笔中最令人头痛的漏油问题。他冥思苦想了好久,就是找不到解决办法。后来,他反过来思考:圆珠笔漏油,一般发生在写了两万字之后。那么,生产出一种写了两万字就用完了的圆珠笔,问题不就解决了吗?这种新式圆珠笔问世之后,果然很受人们的欢迎。

2. 正向思维

遇到问题时,我们应该直接、主动地思考如何解决。平时我们遇到一些问题,例如,交通堵塞、饭堂过于拥挤、校园水资源浪费等,都可以思考如何解决这些问题。下面举一个解决身边问题的示例。

小故事

坚果去壳——瓜子器的发明

　　曹敏莎是一位高级工程师,她很喜欢嗑瓜子,可是随着年龄的增大,牙齿却越来越不好。她决定发明一个工具代替用牙嗑瓜子。经过反复的研究和测试,她终于设计出了一个瓜子器,因为方便好用,所以大家称她为"去壳大师"。

从这个例子我们可以看到,发明创新并不是多么遥远的事,关键是遇到问题时,我们有没有动脑筋、花心思去解决这些问题。

3. 前瞻思维

前瞻思维是指发展思维、超前思维，也就是对未来状况与事物发展的思考与判断，是一种重要的战略思维。华为的成功关键源自任正非的前瞻性思维，当年任正非坚持做海思芯片"备胎"时，很多员工都不太理解。当遇到困难时，海思芯片、鸿蒙操作系统等"备胎"迅速"转正"，并取得了一系列科技创新的成果。

思考练习

创新思维的形式还有很多种，例如，多向思维、侧向思维、组合思维、移植思维等，请大家以小组为单位，为多向思维、侧向思维、组合思维、移植思维各找一个对应的案例，并对案例进行分析。

（二）锻炼自己坚强的意志品质

（1）面对挫折，百折不挠

创新不是一件容易的事情，一步到位只是幻想，要获得成功往往会经历很多挫折与失败，这就要求我们有坚定不移的信念和百折不挠的精神。

（2）面对非议，勇往直前

斯蒂芬孙制造火车时，周围的人都嘲笑他的火车比马车还慢；富尔顿的轮船第一次下海时，所有人都认为他的"铁疙瘩"会沉没，但他们都坚持下去并最终获得了成功。

（3）面对权威，敢于质疑

这要求我们敢于在"关公门前舞大刀"，只有勇于质疑、不断探索真理的人才能在创新的道路上奋勇前进。

三、创新思维方法

创新思维方法是指创新者收集大量成功的创新实例后研究其获得成功的思路和过程，经过归纳、分析、总结，找出规律和方法供人们学习、借鉴和仿效。简而言之，创新思维方法是创新者根据创新思维的发展规律总结出来的一些原理、技巧和方法。下面，我们就一起学习以下几种不同类型的创新思维方法。

（一）头脑风暴法

头脑风暴法是指一群人围绕一个特定的兴趣领域产生新观点的情境。鉴于团队讨论没有拘束规则，人们能够更自由地思考，从而产生很多新观点，因此这是一种广受欢迎的集体开发创造性思维的方法。头脑风暴应用的具体实施步骤如下。

（1）确定议题

一个好的头脑风暴法从围绕中心议题开始，在会议召开前，需要明确会议主要解决的问题是什么，选题要清晰、可操作性强，通常比较具体的议题能使与会者较快产生设想，主持人也较容易掌握。

（2）会前准备

例如，根据议题确定参会人员，明确会议分工，通知会议参加者时间、地点及任务，提前布置好会议环境等。

（3）自由发言阶段

这是头脑风暴策略应用的主要阶段，一般参会人数以 8 ～ 12 人为宜，会议通常会选定一名主持人，1 ～ 2 名记录人员。主持人的作用是在头脑风暴会开始时重申讨论的议题和纪律，在会议进程中启发引导，掌握节奏与进程。记录员应及时记录与会者的所有设想，最好写在醒目处，便于与会者能够看清楚内容。

（4）筛选阶段

会议结束后，需整理会议记录，再交由专家组筛选，经过多次反复比较、优中择优后，确定最佳方案。

头脑风暴会的目标是获得尽可能多的设想，追求创意数量是它的首要任务，切忌让头脑风暴演变为漫无目的、没有计划、任意发挥的讨论。

（二）5W2H 法

5W2H（Why、What、Who、When、Where、How to do、How much）法的运用步骤是针对需要解决的问题提出 7 个疑问，从而启发创新构思。5W2H 法适用于任何工作，对不同的工作发问，得到不同的具体内容，可以突出其中的一问，寻求创新构思。下面以设计新产品为例提出疑问。

① Why：为何设计该产品？采用何种总体布局？……

② What：产品有何功能？是否需要创新？……

③ Who：产品用户是谁？谁来设计？……

④ When：何时完成该设计？如何划分各设计阶段时间？……

⑤ Where：产品用于何处？在何处生产？……

⑥ How to do：如何设计？形状、材料、结构如何？……

⑦ How much：单件还是批量生产？……

（三）设问法

设问法又称为"检核表法"或"分项检查法"，它是从需要解决或优化的问题及对象出发，多方面列出一系列相关问题，然后逐个加以分析、讨论，从而确定创新方案的技法。这个方法的核心是设问，运用步骤是针对问题，从不同的角度提出疑问并思考，以期出现创新成果。

①转化：该产品能否稍作改动或不改动而移作他用？

②引申：能否从该产品中引出其他产品？或用其他产品模仿该产品？

③变动：能否将该产品进行某些改变，例如，运动、结构、造型、工艺等？

④放大：该产品放大（加厚、变深……）后如何？

⑤缩小：该产品缩小（变薄、变软……）后如何？

⑥颠倒：能否正反（上下、前后……）颠倒使用？

⑦替代：该产品能否用其他产品替代？

⑧重组：零件能否互换？

⑨组合：现有的几个产品能否组合为一个产品？

（四）列举法

列举法是运用发散性思维展开问题，寻求创造发明的思路，是一种常用、简便的发明技法，主要包括缺点列举法、特性列举法和希望点列举法等。缺点列举法是在分析发明对象缺点及其存在的条件下，尝试把缺点改为优点；特性列举法是对发明对象的特性进行认真细致的观察分析，然后提出改革的方案；希望点列举法是从市场和用户的意愿出发，提出创新设想。列举法简单实用、较为直接，能够为创造性解决问题提供方向和思路。

（五）组合创新法

组合创新法的运用步骤是组织者把各个方面的技术专家组合在一起，共同分析市场需求，将两个以上的技术因素组合起来得到创新性技术的产物。技术因素包括相对独立的技术原理、技术手段、控制方式、工艺方法、材料、动力等。组合创新法的特点是使不同技术领域相互转移、渗透，形成交叉的边缘学科，把已经成熟的技术合理组合，创造经济、有效的新系统。组合创新的方法有以下4种。

①性能组合：将若干产品的优良性能组合起来，例如，铁心铜线。

②原理组合：将两种以上的技术原理组合成复合的技术系统，例如，将喷气原理与燃气轮机技术结合，得到喷气式发动机。

③功能组合：将具有不同功能的技术手段或产品组合在一起，形成多功能的技术系统。

④模块组合：把产品看成若干个通用模块的有机组合，根据市场需求选择不同的模块加以组合，得到不同的设计方案。

思考练习

请分别用设问法和列举法对笔记本计算机的营销进行创意提案。

·任务三· 推行工作中的创新

　　创新是以新思维、新发明和新描述为特征的一种概念化过程，是人类特有的认识能力和实践能力，是推动社会发展的不竭动力。一个民族想要走在时代前列，就不能停止创新活动。创新很重要，却并非高深莫测，实际上，人人都有创新的潜力。很多人把创新当作一件很神秘的事情，他们缺乏的其实是创新意识，没有把创新与日常工作结合到一起。员工的创新是企业效率和竞争力的源泉，而员工本身也需要通过创新体现自己的人生价值。那么，如何才能实现工作中的创新呢？我们分别来看看以下寻找工作中创新切入点的方法。

一、在问题中寻找创新切入口（QBQ）

　　沙子里面有黄金，垃圾堆里有宝贝。同样地，问题也应该一分为二地进行分析，工作中存在的问题蕴藏着积极的一面，看我们以什么样的态度对待。问题往往给我们提供了非常好的创新切入点。多问几个为什么，看似简单的问题，里面可能蕴藏着巨大的创新能量。只有连续追问一系列问题背后的问题，才能够找到问题的根源，进而开始创新。在寻找问题背后的同时，探讨不同的可能，打开不同的思路，打开更广阔的空间。

思考练习

　　尝试做一次这样的讨论吧，带上团队，列出一直禁锢你们部门发展的陈规旧矩：可能是客户的定位，也可能是内部的工作流程。用QBQ的方法好好追问，你会惊喜地发现，有大量的创新空间等着你和你的团队去开拓！

二、摆脱思维束缚，敢想敢干有突破

　　敢想敢干是创新时代的要求。开放的市场经济、开放的社会需要独特的眼光，需要开拓进取的精神，更需要开放的心态和解放的思想。

🔍 案例讨论

　　一位逃生专家打开过无数个设计复杂的锁，从未失手。他自认为世界上没有他打不开的锁，于是他大量刊登广告声称可以在规定的时间内打开任何一种锁。结果在很长的时间里，真的没有人能够难倒他。后来，一位白发苍苍的老人找到了他，请他进入一个坚固的铁笼，笼门上有一把看上去非常复杂的锁。那把锁似乎与他见过的锁都不同，逃生专家想尽办法，用尽工具，始终没有听到期待中锁簧弹开的声音，最终筋疲力尽的他不得不承认失败。这时老人微笑着走过来，一抬手就从笼门上拿下了锁，逃生专家惊呆了。原来，看似很复杂的锁实际上只是个摆设。

从这个故事中，我们收获了什么？

解析

做人要谦虚，不要按固有思维考虑解决方案，有时解决事情的方法或许并没有想象得那样复杂，只需要换个角度想想。

三、工作中的改进创新法

当一项工作交到我们手中，是依照前人的工作方法完成工作，还是举一反三改进工作方法呢？按照前人的经验完成工作，虽然不会出错，但是也不会有什么改进，甚至还不如前人。如果对工作进行改进和创新，吸收好的经验，工作效率会大大提高。因此，当我们反复做某项工作时，不妨多想想可以更新哪些方面，省去不必要的重复，或者创造出一些新意。

我们在工作中该如何运用这种创新方法呢？我们可以借鉴和田十二法。和田十二法又称为和田创新法则，它是我国学者许立言、张福奎在奥斯本稽核问题表的基础上，借用其基本原理，加以创造而提出的一种思维技法。它是指人们在观察、认识一个事物时，按以下12个"一"的顺序进行核对和思考，便可以从中得到启发，诱发出创造性设想。和田十二法既是对奥斯本稽核问题表法的一种继承，又是一种大胆的创新，通俗易懂、简单易行、方便推广。

① 加一加：加高、加厚、加多、组合等。

② 减一减：减轻、减少、省略等。

③ 扩一扩：放大、扩大、提高功效等。

④ 变一变：变形状、颜色、气味、音响、次序等。

⑤ 改一改：改缺点、改不便、改不足之处。

⑥ 缩一缩：压缩、缩小、微型化。

⑦ 联一联：原因和结果有何联系，把某些东西联系起来。

⑧ 学一学：模仿形状、结构、方法，学习先进的案例。

⑨ 代一代：用其他材料代替，用其他方法代替。

⑩ 搬一搬：移作他用。

⑪ 反一反：能否颠倒一下。

⑫ 定一定：确定界限、标准，提高工作效率。

上述12种技法虽然有所交叉，但是各有侧重，对职场人士而言，可以将这些技法运用于工作中。例如，对工作中的某项技术，我们可以想想它是否有其他方式使其得到改善。只要我们抱有创新的意识，在工作中主动思考，在反复做某项工作时能举一反三，这些看似不经意的"功课"对我们的工作创新其实大有帮助。

思考练习

创新能力综合测试

创造性人才在企业中越来越重要，这类人才能够创造性地完成工作，不会因困难退缩，也不会因不具备条件而放弃努力。在寻找创新、开发、管理方面的人才时，管理者必须考虑人才的创新能力。

一、创新思维能力测试

下面是10道题目，如果符合你的情况，则回答"是"；如果不符合，则回答"否"；如果拿不准则回答"不确定"。评分标准见表7-1。

1. 你认为那些使用古怪和生僻词语的作家，纯粹是为了炫耀。

2. 无论什么问题，要让你产生兴趣，总比让别人产生兴趣困难得多。

3. 对那些经常做没有把握事情的人，你不看好他们。

4. 你常常凭直觉来判断问题的正确与错误。

5. 你善于分析问题，但不擅长对分析结果进行综合、提炼。

6. 你的审美能力较强。

7. 你的兴趣在于不断提出新的建议，而不在于说服别人接受这些建议。

8. 你喜欢那些一门心思埋头苦干的人。

9. 你不喜欢提那些无知的问题。

10. 你做事总是有的放矢，不盲目行事。

表 7-1 评分标准

题号	"是"评分	"不确定"评分	"否"评分
1	−1	0	2
2	0	1	4
3	0	1	2
4	4	0	−2
5	−1	0	2
6	3	0	−1
7	2	1	0
8	0	1	2
9	0	1	3
10	0	1	2

得分22分以上：说明被测试者有较强的创新思维能力，适合从事环境较为自由、没有太多约束、对创新性有较高要求的职位，例如，美编、装潢设计、工程设计、软件编程等。

得分21～11分：说明被测试者善于在创造性与习惯性做法之间找到平衡点，具有一定的创新意识，适合从事管理工作，也适合从事与人打交道的工作，例如市场营销。

得分10分以下：说明被测试者缺乏创新思维能力，属于循规蹈矩的人，做事有板有眼、一丝不苟，适合从事对纪律性要求较高的职位，例如，会计、质量监督员等。

二、创造力测试

下面是20个问题，要求应聘者回答。如果符合你的情况，则在（　　　）里打"√"；如果不符合，则在（　　　）里打"×"。

1. 别人说话时，你总能专心倾听。（　　　）

2. 完成了上级布置的某项工作，你总有一种兴奋感。（　　　）

3. 观察事物向来很精细。（　　　）

4. 你在说话以及写文章时经常采用类比的方法。（　　　）

5. 你总能全神贯注地读书、书写或者绘画。（　　　）

6. 你从来不迷信权威。（　　　）

7. 对事物的各种原因喜欢寻根问底。（　　　）

8. 平时喜欢学习或琢磨问题。（　　　）

9. 经常思考事物的新答案和新结果。（　　　）

10. 能够经常从别人的谈话中发现问题。（　　　）

11. 从事带有创造性的工作时，经常忘记时间。（　　　）

12. 能够主动发现问题以及和问题有关的各种联系。（　　　）

13. 总是对周围的事物保持好奇心。（　　　）

14. 能够经常预测事情的结果，并正确地验证这一结果。（　　　）

15. 脑子里总是涌现一些新设想。（　　　）

16. 有敏锐的观察力和提出问题的能力。（　　　）

17. 遇到困难和挫折时，从不气馁。（　　　）

18. 工作遇到困难时，常能采用独特的方法解决。（　　　）

19. 在解决问题的过程中有新发现时，你总会感到十分兴奋。（　　　）

20. 遇到问题时，你能从多方面、多途径探索解决的可能性。（　　　）

如果20道题都打"√"，则证明你的创造力很强；

如果有16道题打"√"，则证明你的创造力良好；

如果有10～13题打"√"，则证明你的创造力一般；

如果低于10道题打"√"，则证明你的创造力较差。

三、工作创意测试

下面是10个题目，请在括号中的备选答案中选择一个。

1. 你在接到任务时，是否会问很多关于如何完成任务的问题？（肯定0分，否定1分）

2. 你在完成任务的过程中，是否不善于思考，习惯找他人帮忙，或者不断问别人有关完成任务的问题？（肯定 0 分，否定 1 分）

3. 在任务完成得不好时，你是否会找出一大堆理由来证明任务太难？（肯定 0 分，否定 1 分）

4. 对待多数人认为很难的任务，你是否有勇气和信心主动承担？（肯定 1 分，否定 0 分）

5. 当别人说这个事情不可能时，你是否会放弃？（肯定 0 分，否定 1 分）

6. 你完成任务的方法是否与他人不一样？（肯定 1 分，否定 0 分）

7. 在你完成任务时，领导针对任务问一些相关的信息，你是否总能回答出来？（肯定 1 分，否定 0 分）

8. 你是否能够立即行动，并且工作质量总能让领导满意？（肯定 1 分，否定 0 分）

9. 对于完成工作的质量，你是否很在意？（肯定 1 分，否定 0 分）

10. 对于已经做好的工作，你能否有条理地分析成功的原因和不足？（肯定 1 分，否定 0 分）

如果被测试者能够得到 10 分，那说明其能力很棒。

拓展训练

棉花糖挑战赛

该活动项目旨在加深学生对创新思维的体会和理解，了解创新设计的过程，同时锻炼大家团队协作的能力。

活动流程

1. 每组道具：20 根硬面条，30 厘米的胶带和细线，一颗棉花糖。

2. 要求：以小组的形式进行，小组成员自由发挥想象力，利用上述材料，搭建一个尽可能高的模型，但棉花糖必须放在模型最高处。哪个小组建的模型最高，哪个小组获胜。

3. 时间：20 分钟。

项目总结

为了更好地帮助大家谋求自身的成长和发展，我们进行了关于创新方面的培训，极大地提升了大家的创新意识，并且有效地帮助他们掌握了工作岗位中的创新方法。